KB234826

# 썸남 ♂♀ 썸녀의 밀당 Tip!!

썸남 ♥ 썸녀의 밀당 Tip!!

초판 1쇄 인쇄일 | 2017년 02월 01일
초판 1쇄 발행일 | 2017년 03월 01일

지은이 | AdlerInstitute of Psychology
편저자 | 김소원

펴낸이 | 김민철
펴낸곳 | 문원북
디자인 | Grace JH Yang
등록번호 | 제 4-197호
등록일자 | 1992년 12월 5일
주소 | 서울시 마포구 토정로 222 한국출판콘텐츠센터 422
대표전화 | 02-2634-9846  팩스 02-2365-9846
이메일 | wellpine@hanmail.net
홈페이지 | http://cafe.daum.net/samjai

ISBN 978-89-7461-298-6

# 밀당 Tip!!

지은이  AdlerInstitute of Psychology

편 저 김소원

# Contents

# 제1장

# 연애편

낡은 가방 안에서 옛 애인에게 받은 선물이 나왔습니다.

무엇일까요?

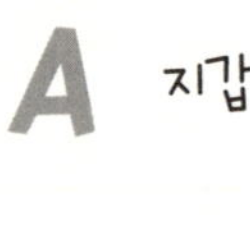 **A** 지갑

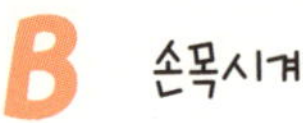 **B** 손목시계

**C** 반지

**D** 키홀더

# $A$nswer 1　당신의 미련지수

낡은 가방은 과거를 상징합니다. 그 안에서 나온 추억의 물건은 끝난 사랑에 대한 미련을 나타냅니다.

 **지갑 미련지수 0%**

옛날 지갑은 낡은 가치관을 나타냅니다. 당신은 매우 표현적인 사람으로, 끝난 것은 되돌아 보지 않습니다. 엄청난 추억이 없는 한 기억의 고리에도 걸리지 않습니다. 옛 사랑은 이미 기억의 저편에 있다고 할 수 있죠.

 **손목시계 미련지수　10%**

시계는 성실성을 나타냅니다. 당신에게 과거의 사랑은 좋은 추억으로 변한 듯합니다. 그때는 '젊었지', '즐거웠지'라며 그리운 듯이 떠올릴 때도 있죠. 전 애인과 재회해도 미련도 전혀 없을 것입니다.

 **반지 미련지수 60%**

반지는 순수한 사랑의 상징입니다. 당신에게 과거의 사랑은 최고의 경험이라고 해도 좋을 것 같습니다. 떠올리는 것만으로 애달픈 감정이 되살아나기 때문이죠. 새로운 추억이 생겨도 무의식적으로 전 애인과 비교하게 될지도 모르겠습니다.

 **키홀더 미련지수 100%**

키홀더가 나타내는 것은 집착. 당신의 마음 한 구석에는 계속 전 애인이 살고 있습니다. 다른 사람과 사귀어도 생각은 과거를 향하고 있죠. 행복한 상상에 잠김으로써 현실도피를 하고 있는 것일지도 모르겠습니다.

사랑을 이루어 주는 곳이라고 소문난 곳이 있습니다.

어디일까요?

**A** 깊은 산 속에 있는 폭포

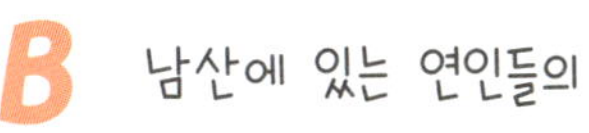

**B** 남산에 있는 연인들의 종

**C** 접근이 금지된 연못

**D** 인연을 맺어주는 사찰

당신의 희망을 반영합니다. 어디에서 소원을 빌지에 따라 사랑을 할 수 없는 이유를 알 수 있습니다.

 **깊은 산 속에 있는 폭포 불가능한 것을 바라는 떼쟁이**

사랑을 이룰 수 있다면 산속까지 들어가도 좋다고 생각하는 것은 타협하지 않는 성격을 나타냅니다. 이상형에 가까운 이성이 나타나도 무언가 조금이라도 마음에 들지 않으면 계속 사랑하기 어렵습니다. 스스로 사랑을 멀어지게 합니다.

 **남산에 있는 연인들의 종 허술한 마무리**

관광지에 있는 종은 신비로움이 없습니다. 그래도 좋은 결과만 나오면 된다고 생각하는 당신은 "운이 좋다고"라고 생각합니다. 그래서 당신은 사랑이 시작되어도 마무리가 허술해 기회를 날리기 쉽습니다.

 **접근이 금지된 연못 망상가**

출입금지임에도 불구하고 '약간은 괜찮겠지'라고 생각하는 당신은 무엇이든 자기에게 유리한 대로 적당히 해석하는 습관이 있는 듯합니다. 마음에 드는 이성이 나타나면 망상이 지나쳐 제대로 사귀지 못하는 스타일 입니다.

 **인연을 맺어주는 사찰 무거운 엉덩이**

신을 찾은 당신은 기본적으로 사람에게 의지하는 습성이 있습니다. '누군가 무엇이든 해주겠지' 기대하며 스스로는 움직이지 않습니다. 그 결과 영원히 기다리기만 하게 될 수도 있으니, 빨리 행동에 옮기길….

데이트하러 가던 중 역에 도착했더니 사고로 전철이 지연되고
있었습니다. 얼마나 기다릴 수 있나요?

 **A** 몇 분

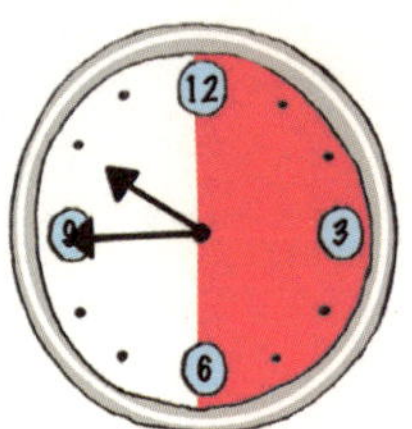 **B** 30분 정도

 **C** 1시간 이상

 **D** 반나절 가까이
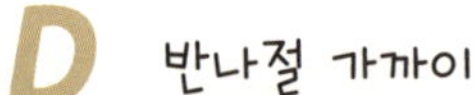

# **A**nswer **3**　　당신의 사랑의 기간

전철을 기다리는 시간은 당신의 인내심을 반영합니다. 길면 길수록 사랑의 지속시간도 길어지는 것입니다.

### 몇 분 **평균 3개월**

당신은 사랑에 빠지면 누구보다도 성급해집니다. 상대방이 '나의 깊은 사랑을 알아줬으면 좋겠다'고 생각하면서 그만큼 돌려받고 싶다는 일념으로 상대방을 압박하곤 하죠. 그래서 빨리 질려 버리고 맙니다. 사랑의 평균 수명은 3개월 이내입니다.

### 30분 정도 **평균 반년**

당신은 평화주의자. 두 사람 사이에 문제가 발생하면 먼저 굽히고 들어가 상대의 비위를 맞추려 하죠. 표면적으로는 화해한 듯 보이지만 근본적인 문제는 해결되지 않은 채 남아있어 똑같은 문제가 반복되는 패턴. 사랑의 평균 수명은 반년 전후입니다.

### 1시간 이상 **평균 1~3년**

당신은 심지가 굳은 사람. 애인과 관계가 원만하지 않으면 현실을 직시하고 문제를 해결하려고 합니다. 반면, 자신과 맞지 않는다고 느껴지면 단호하게 끊을 줄 아는 엄격함도 가지고 있죠. 사랑의 평균 수명은 1~3년!

### 반나절 **평생**

반나절이 지나도 오지 않는 애인의 지각을 받아들일 수 있는 것은 지속적인 사랑을 한다는 증거입니다. 한번 교제를 시작하면 죽을 때까지 백년해로하겠다는 각오를 다지지 않나요? 사랑의 평균 수명은 거의 평생인 듯 합니다.

마음에 드는 이성과 엘리베이터에 단 둘이 타게 되었습니다.

어떻게 될까요?

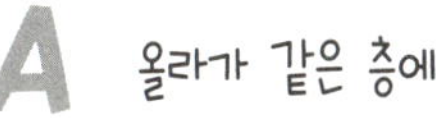

C 내려가 같은 층에서 내린다

D 내려가 다른 층에서 내린다

엘리베이터의 오르내림은 연애욕구를 나타냅니다. 내리는 층이 같은지 다른지에 따라 당신의 착각지수를 알 수 있습니다.

 **A** 올라가 같은 층에서 내린다 **착각지수 100%**

연애에 적극적인 당신. 단순한 우연도 일단 운명이라고 믿고 밀어붙입니다. 그 결과 전혀 마음이 없었던 이성과도 잘 지낼 수 있게 되죠. 100% 착각을 현실로 바꾸는 엄청난 기술의 소유자입니다.

 **B** 올라가 다른 층에서 내린다 **착각지수 0%**

올라가는 엘리베이터는 당신이 연애에 적극적이라는 것을 의미합니다. 하지만, 내리는 층이 다를 것이라는 것은 진중함을 나타내죠. 상대방이 확실히 의사를 표시하지 않으면 호의를 믿지 않는 것입니다. 착각도는 0%입니다.

 **C** 내려가 같은 층에서 내린다 **착각지수 30%**

내려가는 엘리베이터는 당신의 자신감이 바닥이라는 것을 의미합니다. 하지만, 내리는 층이 같다는 것은 종종 기대하는 일이 생긴다는 것. '설마 저 사람이 나를 좋아하는 건 아닐까?'라며 일희일비하는 타입입니다.

 **D** 내려가 다른 층에서 내린다 **착각지수 60%**

착각 때문에 상처 받고 싶지 않다고 생각하는 당신. 이성의 반응이 좋아도 별 것 아니라고 스스로 다독이는 타입이죠. 그 결과 기회를 놓치는 일도 종종 있습니다. 나쁜 방향으로 착각하기 쉬운 듯 하네요.

# $Q$uestion 5

매장의 쇼윈도를 디스플레이하고 있습니다.
가운데에 무엇을 진열할까요?

A 마네킹
B 쥬얼리
C 가방
D 하이힐

# Answer 5　　당신이 애인에게 바라는 것

쇼윈도는 당신의 동경심을 반영합니다. 가운데에 무엇을 진열할지에 따라 애인에게 바라는 것을 알 수 있습니다.

 ### 마네킹 인간성

중앙에 마네킹을 진열하는 당신은 애인의 인간성을 가장 중요시합니다. 연애 감정이 제외하고서도 인간으로서 존경할 수 있거나 친구로서 신뢰할 수 있는 이성이 아니면 사랑하지 않습니다.

 ### 쥬얼리 비주얼

당신은 이성을 볼 때 절대 양보할 수 없는 것이 있습니다. 바로 비주얼! 얼굴이나 스타일에 대한 취향이 뚜렷한 듯 하네요. 내면이 아무리 아름다워도 비주얼이 별로이면 사랑의 감정이 절대 싹트지 않습니다.

 ### 가방 장래성

가방은 사회적인 지위를 나타냅니다. 솔직히 당신은 주위 사람들이 부러워할 만한 사람이 아니면 함께 있는 시간조차 아깝다고 느끼죠. 압도적인 재력이나 지위, 집안 등이 이성을 선택하는 포인트입니다.

 ### 하이힐 성적 매력

쇼윈도의 한 가운데에 구두를 진열하는 당신은 섹스를 가장 중시합니다. 다른 조건이 아무리 좋아도 속 궁합이 맞지 않으면 오랫동안 지속하지 못하죠. 반면, 속 궁합이 좋으면 나쁜 남자나 여자에게 푹 빠질 우려가 있습니다.

아무도 없는 밤바다에서 갑자기 수영이 하고 싶은데,

수영복이 없다면?

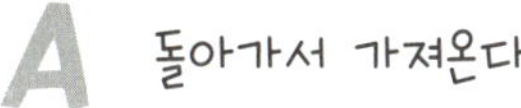
**A** 돌아가서 가져온다

**B** 발만 바다에 담근다

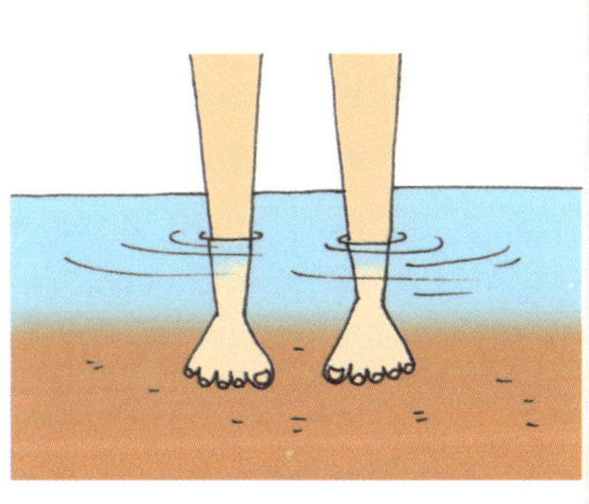

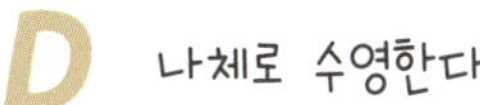
**C** 속옷만 입고 수영한다

**D** 나체로 수영한다

# **A**nswer **6**  당신의 연애 캐치력

밤바다는 사랑이 가져오는 기쁨을 나타냅니다. 순순히 뛰어들지 어떨지
에 따라 연애 캐치력을 파악할 수 있습니다.

 **돌아가서 가져온다** 연애 캐치력 0%

지금 당신은 사랑할 여유가 없는 듯합니다. 회사 업무나 집안 일 등 머릿속이
복잡한 상태이죠. 하지만, 핑계만 대다가는 인연이 멀어질 수도 있습니다. 현
재의 감정을 이성 쪽으로 향해 보세요!

 **발만 바다에 담근다** 연애 캐치력 30%

당신은 소극적인 상태입니다. 사랑을 하고 싶다는 느낌은 강하게 있지만, 막
상 시작되면 생각이 많아져 기회를 놓치기 일쑤죠. '그 사람이 한발 더 다가
와 준다면 좋을 텐데……'라고 생각하기보다 당신이 먼저 다가가는 것은 어
떨까요?

 **속옷만 입고 수영한다** 연애 캐치력 60%

연애가 없는 인생은 생각조차 할 수 없는 당신. 혼자가 되는 것을 싫어하기 때
문에 특별히 좋아하지 않는 이성이나 사랑이 식은 파트너와도 질질 끌며 함
께하는 경향이 있는 듯합니다. 하지만, 그 상태로는 진정한 사랑을 평생 시작
할 수 없을지도 모릅니다.

 **나체로 수영한다** 연애 캐치력 90%

당신은 무엇이든 실컷 해보려는 성격의 소유자. 연애도 마찬가지입니다. 연애
를 시작하기 위해 만반의 준비를 갖추고 있죠. 그런 만큼 남아도는 열정과 의
욕을 해소하고자 적당한 선에서 타협해 버릴 우려가 있습니다. 하지만, 파트
너 선택은 신중해야 하는 법.

# Question 7



갑자기 하늘에서 만 원짜리 지폐가 떨어집니다.

몇 장을 줍는 데 성공했을까요?

A  1~2장

B  5장 정도

C  10장 이상

D  0장

하늘에서 쏟아지는 돈은 사랑의 만남을 뜻합니다. 몇 장을 주웠는지로 금사빠 성향을 알 수 있습니다.

 ### 1~2장 금사빠 성향 10%

당신은 확실한 것을 좋아하는 타입. 많은 이성에게 인기를 끌기보다 특별한 한 사람에게 사랑 받고 싶다고 생각하죠. 따라서 신중히 상대를 선택한 후 집중 공략해 자기 것으로 만듭니다. 금사빠 성향은 없지만 이성을 꼬시는 매력은 상당한 듯하네요.

 ### 5장 정도 금사빠 성향 50%

어떤 상황이라도 조금씩 진도를 낼 수 있는 당신. 연애 면에서도 이성의 장점을 빨리 파악합니다. 금사빠인 편이지만, 상대를 관찰하는 시간이 긴 편이며, 충분히 검토한 후 상대를 결정합니다.

 ### 10장 이상 금사빠 성향 10%

야무지게 돈을 주운 당신은 엄청난 욕심쟁이! 여러 이성에게 계속 눈이 돌아가 누구를 제일 좋아하는지 스스로 알 수 없게 되기도 합니다. 틀림없는 금사빠 타입이죠. 바람을 피우거나 양다리를 걸쳐 아수라장을 만들지 않도록 주의하세요.

 ### 0장 금사빠 성향 10%

돈을 1장도 줍지 못한 당신은 평소 냉정한 성격의 소유자입니다. 마음에 드는 이성이 나타나도 쉽게 좋아하는 것이라고 인정하지 않습니다. 금사빠 성향은 제로Zero! 좀더 가볍게 연애 감정을 즐기는 것이 좋을 듯하네요.

# **Q**uestion **8**

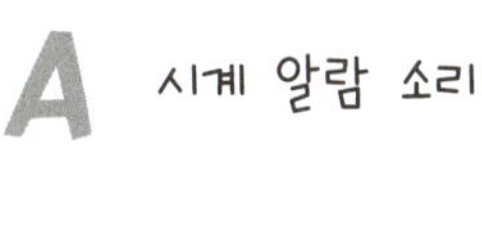

**A** 시계 알람 소리

**B** 문자 도착음

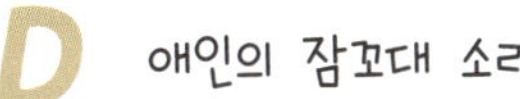

**C** 옆방 소음

**D** 애인의 잠꼬대 소리

# **A**nswer **8**  애인에 대한 몰입도

잠은 사랑에 대한 도취를 나타냅니다. 당신의 잠을 방해한 정체를 통해 애인에 대한 몰입도를 알 수 있습니다.

 **시계 알람 소리 몰입도 30%**

시계는 사회적인 속박을 의미합니다. 연애 중에도 일이나 공부 등 해야 할 일은 제대로 하는 타입이죠. 따라서 본인은 몰입하고 있다고 생각해도 상대는 외로워하고 있을 가능성이 높습니다.

 **문자 도착음 몰입도 60%**

당신은 방해 받는 것을 싫어합니다. 사랑하는 사람과 있을 때는 다른 일을 생각하고 싶어하지 않죠. 하지만, 그 사랑에 젖어 들지 못한다면 바로 잊기 때문에 몰입도는 높지만 전환이 확실한 타입이라 할 수 있습니다.

 **옆방 소음 몰입도 70%**

잡음으로 인해 잠이 깬 당신은 마음이 흐트러지기 쉬운 타입입니다.  사랑하는 사람과 함께 있을 때도 다른 이성이 마음에 드는 일이 있을 수 있습니다. 내가 당해서 기분 나쁜 일은 애인에게 하지 않는 것이 좋습니다.

 **애인의 잠꼬대 소리 몰입도 100%**

당신은 사랑에 전력 투구하는 사람입니다. 자고 있을 때나 잠에서 깼을 때나 머릿속이 애인에 대한 생각으로 가득해 주변 소리를 듣지 못하는 것이죠. 함께 있는 시간을 우선시한 나머지 일상생활을 소홀히 하기 쉽습니다.

# Question 9

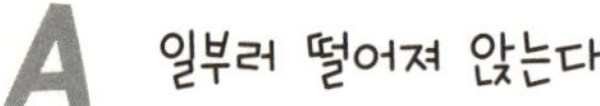

**A** 일부러 떨어져 앉는다

**B** 옆에 앉는다

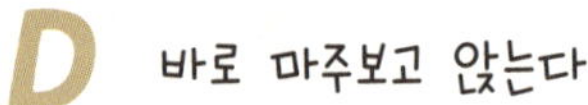

**C** 대각선 방향으로 앉는다

**D** 바로 마주보고 앉는다

# **A**nswer 9　당신의 사랑에 대한 변태지수

선택한 위치 관계에는 당신의 무의식에서 이루어지는 계산이 나타납니다. 마음 속 깊이 바라는 희망도 보였다 안 보였다 합니다.

### 일부러 떨어져 앉는다 장난치고 싶다

굳이 거리를 두는 것은 사랑 받고 있다는 자신감의 표현입니다. 동시에 애인을 제쳐 두고 즐기고 싶다는 마음도 가지고 있는 것입니다. 상대방의 시야에 들어간다는 것을 알고 다른 이성과 일부러 사이 좋은 모습을 보이는 등 짓궂은 행동을 해 곤란하게 만드는 것을 좋아하는군요.

### 옆에 앉는다 과시하고 싶다

당신은 관중이 있으면 더욱 뜨겁게 불타오르는 타입. 주변 사람들이 두 사람의 관계를 수상하게 여기거나 의심하는 것은 부정하지만, 그렇게 관심을 받는 것이 너무나도 좋은 모양입니다. 친구에게 자랑하고 부러움을 사는 일도 매우 좋아하는군요.

### 대각선 방향으로 앉는다 독점하고 싶다

대각선 방향은 다른 사람들에 의해 가로막히기 쉬운 배치입니다. 그런데 일부러 이렇게 앉는 것은 막혀 있다는 답답함을 이용해 사랑하는 사람의 관심을 자신 쪽으로 향하게 하는 방법이라 할 수 있습니다. 나만 봐줬으면 좋겠고 독점하고 싶다고 생각하는 것입니다.

### 바로 마주보고 앉는다 하라는 대로 하게 하고 싶다

정면은 감시하는 자리. 당신은 무의식적으로 애인에게 압력을 가하고 있군요. 사실 사랑하는 사람의 모든 것을 컨트롤하고 싶다고 생각하고 있지 않으신가요? 생각대로 될 때까지 모든 수단을 총동원하는 타입입니다.

비누방울을 불면, 어떤 비누방울이 만들어질까요?

A 큰 비누방울 하나
B 작은 비누방울 가득
C 다양한 크기의 비누방울
D 모양이 만들어지기 전에 터져 버렸다

# Answer 10 당신의 인기 패턴

숨을 불어 넣음으로써 생기는 비누방울에는 당신의 인기 패턴이 반영됩니다.

 **A 큰 비누방울 하나 차분히 지켜보는 타입**

천천히 시간을 들여 사랑을 키우는 타입입니다. 한 사람을 사랑하고 사랑 받는 것만으로도 충분하다고 여겨 다른 사람은 절대 눈에 들어오지 않습니다. 그런데 모르는 사람이 다가와 속삭이면 순간 연애 감정 없이 허락하는 단순한 면도 있습니다.

 **B 작은 비누방울 가득 단기 & 연발형**

많은 이성이 자신에게 잘 보이기 위해 비위를 맞춰주는 것을 매우 좋아합니다. 굳이 한 사람과 사귀지 않고, 여러 명과 영혼 없이 사귀는 것을 즐깁니다. 진심으로 사랑하는 사람이 나타나면, 도대체 어떻게 해야 할지 몰라 우왕좌왕 하게 됩니다.

 **C 다양한 크기의 비누방울 동시진행형**

삼각관계에 빠지기 쉬운 타입입니다. 사귀는 사람이 있어도 다른 이성이 강하게 다가서면 거절하지 못하는 면이 있습니다. 질질 끌며 동시에 사귀게 되거나 고민 끝에 갈아타거나…. 돌변해 용도별로 애인을 많이 만들 가능성도……

 **D 모양이 만들어지기 전에 터져 버렸다 수면 아래 접근형**

당신에게는 남의 눈을 피해 숨어 다가오는 사람이 많습니다. 배우자나 애인이 있는 이성, 친구의 상대 등 사정이 있는 사랑만 계속되는 듯합니다. 인기가 있는 것은 분명하지만, 선을 넘을지 말지는 신중히 판단하세요.

# Question 11



옷이 흠뻑 젖은 남자가 서 있습니다. 그의 옷은 왜 젖었을까요?

**A** 비를 맞아서

**B** 강에 빠져서

**C** 차가 지나갈 때
물구덩이의 물이 튀어서

**D** 누군가 물을 뿌려서

# Answer 11 당신을 망치는 남자

흠뻑 젖은 남성은 연애의 트러블을 암시합니다. 당신에게 불행을 가져올 타입.

 **비를 맞아서 설교를 좋아하는 남자**

비를 연상하는 것은 당신이 상식적인 생각을 가진 사람이라는 뜻입니다. 따라서 이치를 따지기 좋아하는 사람을 만나면 시키는 대로 할 수밖에 없는 듯합니다. 상대방의 의견에 짓눌리다 보면 진짜 '나'를 잃을 수 있으니 주의하세요!

 **강에 빠져서 분위기를 잘 맞추는 남자**

강에 빠지는 것은 기운이 넘치거나 술에 취했을 때죠. 둘 다 아이 같은 행동의 결과라 할 수 있습니다. 당신은 생기발랄하게 떠들어 대고 우쭐하는 남자에게 약한 듯합니다. 하지만 이 본질은 응석꾸러기에 불과합니다. 손이 많이 가는 문제아일지도?

 **차가 지나갈 때 물구덩이의 물이 튀어서 루즈한 남자**

지나가는 차에 의해 물이 튄 것은 일종의 불가항력이라 할 수 있습니다. 하지만, 전신이 흠뻑 젖었다는 것은 역시 주의력이 부족한 탓! 주변에 무관심하고 루즈한 남자에게 휘둘릴 위험성이 있습니다.

 **누군가 물을 뿌려서 인기 있는 남자**

당신은 직감적으로 가해자의 존재를 연상했습니다. 즉 다른 사람에게 원한을 살만한 남자에게 약하다고 할 수 있습니다. 말을 잘하고 라이벌이 많은 타입에게 다가가는 것은 절대 금물! 그러다 신세를 망칠 수도 있습니다.

# Question 12



당신과 어딘가 닮은 사람을 만났습니다. 무엇이 닮았을까요?

 **A** 헤어스타일

 **B** 옷 입은 스타일

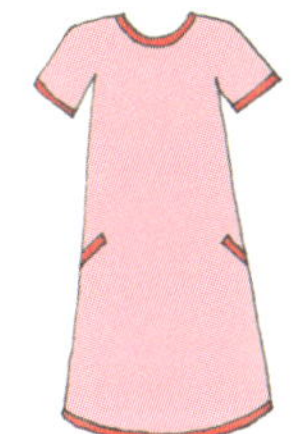

**C** 키나 체형

**D** 분위기

# **A**nswer **12** 당신의 페로몬 농도

"닮았다"는 심리에는 자신이 선호하는 요소가 나타납니다. 이성을 유혹하는 힘이 있는지 알아봅시다.

###  헤어스타일 페로몬 농도 80%

당신은 언뜻 사랑에 관심이 없는 듯 보입니다. 그래서 이성과는 좋은 동료나 친구 정도로 지내는 경우가 많죠. 하지만, 교류를 계속하면서 당신의 인품, 매력이 전해져 상대방을 사로잡게 됩니다. 즉 당신은 서서히 전해지는 매력의 소유자입니다.

###  옷 입은 스타일 페로몬 농도 10%

당신이 본인다움을 느낄 수 있는 것은 복장입니다. 바꿔 말하면 알맹이는 개성이 없다, 즉 매력이 별로 없다는 것입니다. 페로몬 농도는 최저 레벨. 이성의 이목을 끄는 옷 스타일도 중요하지만, 내면을 갈고 닦는 노력을 하는 편이 더 좋을 듯 합니다.

###  키나 체형 페로몬 농도 50%

당신은 있는 그대로의 모습으로 승부하는 경우가 많습니다. 그래서 당신의 개성을 발휘하기 전에 관계가 결정되는 듯 합니다. 또 달콤한 분위기가 형성될 때마다 수줍어하는 것은 좋지 않습니다. 조금 더 섹시하게 다가가는 것은 어떨까요?

###  분위기 페로몬 농도 100%

당신은 마성의 매력의 소유자! 쓸데 없을 정도로 페로몬을 여기저기 뿌리고 다니며 알고 지내는 이성을 모두 매료시키지 않으면 만족하지 못합니다. 너무 지나쳐 연애 트러블을 일으키고 다녀 문제가 발생할 우려가 있네요. 무엇이든 적당한 것이 좋습니다.

# **Q**uestion **13**

이제 막 사귀기 시작한 그가 아파트 벨을 누릅니다. 아직 옛 애인의
사진을 치우지 못했는데 말이죠. 그 사진을 어디에 숨길까요?

 **A** 서랍

 **B** 쓰레기통

**C** 평소에 사용하는 가방

**D** 벽장

# **A**nswer **13**　당신의 옛사랑에 대한 마음

당황하며 선택한 장소를 통해 옛사랑의 미련을 알 수 있습니다. 옛 애인에 대한 마음은 남아 있을까요?

 **서랍** 옛 애인의 잔상이 뚜렷

당신은 언뜻 사랑에 관심이 없는 듯 보입니다. 이성과는 좋은 동료나 친구 정도로 지내는 경우가 많죠. 하지만, 교류를 계속하면서 당신의 인품, 매력이 전해져 상대방을 사로잡게 됩니다. 즉 당신은 서서히 전해지는 매력의 소유자입니다.

 **쓰레기통** 옛 사랑은 없었던 일

갑자기 대담한 행동을 하는 당신. 하지만, 과거를 철저히 감추려다 오히려 의심을 살 수도 있습니다. 필요 이상으로 상대 반응을 신경 쓴다는 것은 옛 사랑의 긴장감이 아직 남아있다는 뜻이죠. 아무 일도 없는데 괜히 겁먹지 맙시다.

 **평소에 사용하는 가방** 무엇이든 속일 수 있는 사랑의 달인

매우 익숙한 물건인 매일 사용하는 가방을 선택한 당신. 애인의 추궁에서 벗어나는 기술이 상당히 발달한 듯합니다. 그만큼 모든 것이 매뉴얼화되어 있어 누구와 사귀어도 신선함을 느끼지 못할지도 모르겠습니다. 패턴에 꿰 맞추는 것은 NG입니다.

 **벽장** 사연이 있는 듯한 분위기로 돌변

마치 거대한 블랙홀처럼 당신에게는 비밀이 가득합니다. 당신은 무언가 비밀을 안고 있는 것처럼 행동하면서 구체적으로는 절대 설명해 주지 않죠. 하지만, 그런 침묵을 외롭게 여기는 이성도 있을 것입니다. 상대의 성격을 잘 파악해 두길 바랍니다!

# Question 14

# A

설탕과 소금을 잘못
넣었다

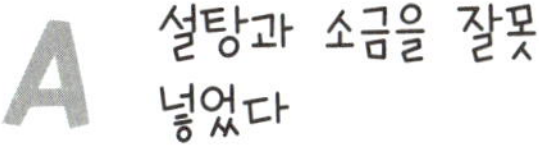

# B

빵과 빵사이에 딸기를
넣지 않았다

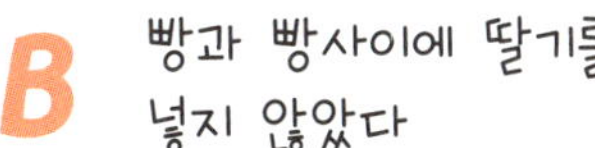

# C

탄 부분을 잘라냈다

# D

생크림의 유효기간이
지났다

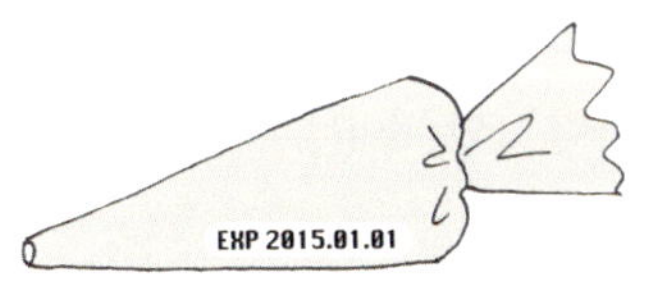

# $A$nswer $14$ 당신의 사랑의 약점

달콤한 케이크 만드는 과정은 사랑을 키우는 과정과 비슷합니다. 어떤 실패를 떠올렸는지에 따라 사랑의 약점도 알 수 있습니다.

 **설탕과 소금을 잘못 넣었다 지나치게 이상을 강요하는 타입**

당신의 사랑이 생각대로 진행되지 않는 것은 이상이 지나치게 높기 때문입니다. 로맨틱한 데이트, 멋진 선물, 달콤한 사랑의 말 등을 요구하고만 있는 것은 아닌가요? 겉모습을 갖춘다고 해서 마음까지 따라오지는 않습니다. 남친에게도 바라는 것을 물어 보세요.

 **빵과 빵 사이에 딸기를 넣지 않았다 답을 너무 강요하는 타입**

너무 서두르는 경향이 있습니다. 짝사랑 때는 고백만을 생각하고, 교제를 시작하면 섹스와 결혼으로 머리 속이 가득하네요. 연애에는 답이 없으니 너무 초조해하지 마세요. 애인을 밀어붙이기만 하면 도망가 버립니다.

 **탄 부분을 잘라냈다 쉽게 무리하는 타입**

자주 무리하는 요구하는 타입이군요. 본인이 하고 싶은 것 정도는 사랑을 위해 쉽게 희생할 수도 있다고 생각하죠. 그래서 애인이 좋아하는 데로 옷이나 라이프 스타일을 바꾸어 보기도 합니다. 하지만 너무 남친의 스타일에 맞추어가다 보면 데이터의 즐거움을 놓칠 수 있습니다.

 **생크림의 유효기간이 지났다 보고도 못 본 체하는 타입**

너무 뜨거운 사랑은 주의하세요. 애인을 너무 사랑한 나머지 진심을 묻지 못하는군요. 무언가 이상하게 느껴지면 직접 물어 보세요. 조심스럽게 대하는 것보다는 직접적으로 이유를 묻는 편이 관계를 오래 지속할 수 있습니다.

# **Q**uestion **15**

**A** 코트

**B** 문구류

**C** 지갑

**D** 선물 받은 과자

# Answer 15　당신이 바람을 피울 것 같은 상대

무심코 가지고 온 물건이 나타내는 것은 마음의 틈에 들어올 수 있는 상대, 즉 바람 상대입니다.

### 코트 안심할 수 있는 남자

코트가 나타내는 것은 안정감입니다. 당신은 우울하거나 외롭다는 생각이 들 때 살포시 감싸 안아주는 남자에게 약하죠. 따뜻하게 위로 받는 동안 선을 넘어버리게 될지도 모릅니다.

### 문구류 의지할 만한 남자

유능함을 나타내는 문구류를 떠올린 당신은 의지할 만한 남자와 깊은 사이에 빠지기 쉽습니다. 빠른 업무처리에 감동하거나 도움을 받는 일이 있으면 어느덧 인생까지도 맡기고 싶다는 생각이 들죠. 존경심이 인생의 방아쇠 역할을 하게 되는군요.

### 지갑 가만 내버려 둘 수 없는 남자

지갑을 맡긴다는 것은 전폭적으로 신뢰하고 있다는 증거입니다. 당신은 당신을 사모하고 당신에게 의지하는 남자에게 마음을 빼앗깁니다. 의지할 곳이 없고 가만히 내버려 둘 수 없는 타입을 보면 당신은 어느덧 손을 내밀고 있을 듯하네요.

### 선물 받은 과자 뒤끝이 없는 남자

선물 받은 물건은 자신과 관계없는 인간관계를 나타냅니다. 당신에게 바람이란 기분전환 용! 만약 실제로 바람을 피운다면 아무 관계없는 사람일 것입니다. 절대로 비밀이 누설되지 않을 사람을 선택하겠죠.

무언가를 배우러 다니며 다양한 타입의 사람들을 알게 되었습니다.

제일 먼저 친해진 사람은 누구일까요?

C 마음 느긋한 학생

D 프로를 목표로 하는 소녀

# **A**nswer **16** 당신의 사랑의 라이벌 후보

배우는 일을 계기로 친해진 사람은 당신과 취미가 같습니다. 따라서 사랑의 라이벌이 될 가능성도 높습니다.

 ### 부잣집 사모님 호화롭고 부유한 타입

부유한 사모님이 나타내는 것은 융통성입니다. 경제적, 정신적으로 성숙하거나 여유가 있는 사람이 사랑의 라이벌이 될 가능성이 있습니다. 사랑하는 애인이 있음에도 당신이 사랑하는 사람에게 접근할 가능성도 높습니다.

 ### 파워풀한 오피스 걸 사랑이 넘치는 육식 타입

추진력이 높은 오피스레이디는 육식 타입의 라이벌을 의미합니다. 연애 경험이 풍부해 보이는 사람을 만나면 진심은 이야기하지 않는 편이 안전합니다. 당신의 마음에 자극을 받아 갑자기 관심을 보이며, 이를 갈지도 모르니까요.

 ### 마음 느긋한 학생 남녀 사이는 우정파

"이성과 친구가 되기 쉽다"고 말하는 타입에게 주의하세요. 학창시절의 친구나 동료 등 이성친구 없이 알고 지내던 상대가 당신의 애인을 빼앗을 수 있습니다. 먼저 그 사람과 사귀고 있는 사이라고 말해, 둘 사이를 멀어지게 하세요.

 ### 프로를 목표로 하는 소녀 꿈을 쫓는 열혈파

프로를 목표로 하는 소녀가 나타내는 것은 열정입니다. 꿈과 목표를 가지고 몰두하는 사람이 나타나면 멀리하는 편이 좋습니다. 당신보다 매력적으로 보여 어느새 입장이 바뀌어 있을지도 모르니까요.

# **Q**uestion **17**

셋이서 길을 걷고 있습니다. 당신은 어디에 서 있을까요?

**A** 가운데

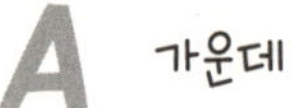

**B** 가장자리

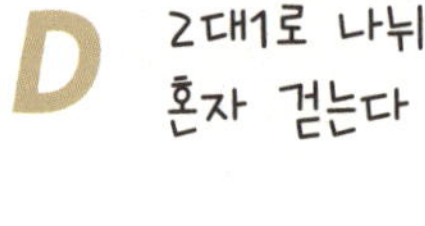

**C** 2대1로 나뉘어
2명 쪽에 있다

**D** 2대1로 나뉘어
혼자 걷는다

# Answer 17  당신이 불륜을 일으킬 가능성

셋이서 길을 걷는 것은 의외로 어렵습니다. 당신이 어느 위치에 따라 불륜을 일으킬 가능성을 알 수 있습니다.

### 가운데 불륜 가능성 0%

불륜의 의미를 전혀 모르는 당신. 다른 사람의 것을 뺏을 바에는 혼자인 편이 낫다고 생각하는 타입입니다. 결백한 가치관으로 가까운 사람을 컨트롤하기 때문에 문제를 일으킬 수가 없습니다. 불륜을 일으킬 가능성은 0%.

### 가장자리 불륜 가능성 30%

불륜을 저지르기보다 당하기 쉬운 당신. 어느새 삼각관계에 빠져있는 경우가 많을 듯합니다. 그것은 사랑하는 사람을 배려해 너무 풀어주었기 때문이죠. 상대의 마음속 깊이 들어가야 합니다! 틈이 너무 많은 것도 문제가 되죠.

### 2대1로 나뉘어 2명 쪽에 있다 불륜 가능성 70%

평범하게 행복하고 싶다고 생각하면서도 불륜에 빠지거나 비밀연애를 하기 쉬운 당신. 이미 좋아하게 된 것은 어쩔 수 없다며 힘든 사랑을 그대로 받아들이죠. 불륜 적성도가 높으며 주위 사람들이 놀랄 정도로 오래 지속합니다.

### 2대1로 나뉘어 혼자 걷는다 불륜 가능성 90%

사랑에는 법칙이 없다고 생각하는 당신. 사랑하는 사람에게 가정이 있든, 연인이 있든 자신의 마음을 결코 억누르지 않습니다. 필요하다면 뺏을 수 있다고 생각하죠. 불륜을 해도 결코 불행하다고 느끼지 않는 타입입니다.

# Question 18

연애 실패 후 이사하기로 결정했습니다. 어느 집을 선택할까요?

**A** 예전 집보다 그레이드가
높은 집

**B** 기분이 밝아질 것 같은
양지 바른 집

**C** 부모님, 친구 집에서
가까운 집

**D** 살아본 적 없는 동네의 집

# $\mathbf{A}$nswer 18　실연에서 회복하는 법

선택한 집은 당신이 실연의 충격을 치유하는 법을 나타냅니다. 실연으로부터 회복하는 방법을 알 수 있습니다.

 **예전 집보다 그레이드가 높은 집 잘 사는 것처럼 보일 생각으로 극복!**

실연을 지렛대로 삼을 수 있는 것이 당신의 강점. 자신을 버린 상대가 되돌아볼 수 있도록 일, 공부, 취미 등에 몰두하게 됩니다. 과감한 이미지 변신도 추천합니다. 기분전환에 도움이 될 것입니다.

 **기분이 밝아질 것 같은 양지 바른 집 휴식으로 극복!**

회복을 위한 집을 선택한 것은 긍정적인 사람이라는 뜻. 실연의 상처는 남들보다 배나 받는 편이지만, 약해져 있을 때는 무리하지 않는 타입입니다. 눈물이 마를 때까지 울고 마음을 정리한 후에 건강한 모습으로 재등장할 것입니다.

 **부모님, 친구 집에서 가까운 집 정신적인 버팀으로 극복!**

의지할 수 있는 사람들 곁을 선택한 당신은 본인이 정신적으로 약하다는 것을 인정하고 있습니다. 실연을 당하면 밸런스가 심하게 무너져 재기하기까지 시간이 꽤 걸립니다. 하지만, 마음의 상처는 생각보다 빨리 치유되는 법. 비극에 익숙해지지 않도록 주의하세요.

 **살아본 적 없는 동네의 집 아무렇지 않은 척으로 극복!**

아무렇지 않은 척하는 것이 당신의 무기입니다. 실연의 충격을 감추고 평소보다 더 파워풀하게 지내죠. 전 연인에게 보여주기라도 하듯 새로운 사랑을 시작할 수도……. 바쁘게 지내는 동안 모두 회복되는 듯합니다.

# Question 19

예상치 못한 곳에서 옛 애인과 재회했습니다.

시간을 상상해 보세요.

A 아침
B 낮
C 저녁
D 밤

# Answer 19　사랑의 재결합 가능성

옛 애인과 재회한 시간에는 당신이 마음 속에 가지고 있던 강한 생각이 반영됩니다. 재결합 가능성은 있을까요?

### 아침 재결합 가능성 0%

애인의 존재는 이제 완전히 과거가 되었군요. 얼굴을 마주하면 나름대로 그리움을 느끼기는 하지만, 가볍게 겉치레 인사 정도만 하고 말 것입니다. 재결합 가능성은 제로에 가깝습니다.

### 낮 재결합 가능성 10%

뜻밖의 만남라면 점심시간이나 오후 무렵일 것이라고 생각하는 것은 상대에게 환멸을 느끼고 있기 때문입니다. 아직 응어리가 남아있어 가능한 보고 싶지 않다고 생각하고 있네요. 상대가 다시 다가와도 거절할 것입니다.

### 저녁 재결합 가능성 40%

해질녘은 미련을 의미합니다. 당신은 이별한 날로부터 마음이 전혀 변하지 않은 듯합니다. 하지만 지금 재결합한다고 해도 똑같은 일이 반복될 것입니다. 다시 한번 생각을 다잡아 보세요!

### 밤 재결합 가능성 80%

기대감에 가득 찬 답변입니다. 만약 옛 애인과 다시 만난다면 다시 마음을 움직이게 할 자신이 있군요. 계속 잊지 못하고 방황할 바에야 한번 연락을 해보는 것이 좋을 듯합니다. 기다렸다는 답변을 얻을 수 있을 것입니다.

# Question 20



평생 간직하고 싶은 보석이 있다면, 무엇을 고르시겠습니까?

A 다이아몬드
B 진주
C 금
GOLD
D 백금
PLATINUM

# **A**nswer **20**  

보석은 당신을 빛나게 해주는 물건입니다. 무엇을 선택하는지에 따라 평생 사랑을 할 수 있을지 알 수 있습니다.

 **다이아몬드 현재 사랑지수 60%**

당신은 평생 아낌을 받고 싶다고 생각하고 있습니다. 따라서 자신을 잘 보여주기 위한 노력을 게을리하지 않죠. 하지만 현재 상태를 유지하려고 하기 때문에 단순한 겉치레가 될 가능성이 있습니다. 인기를 얻고 싶다면 내면을 갈고 닦는 데 힘을 기울이세요!

 **진주 현재 사랑지수 90%**

진주는 설렘의 상징입니다. 당신은 계속 무언가를 사랑하고 싶다고 생각하고 있습니다. 그것은 꼭 이성이 아니어도 상관 없죠. 취미, 여가활동, 가족 등 좋아하는 것을 소중히 여깁니다. 결과적으로 평생 사랑 받게 될 것입니다.

 **금 현재 사랑지수 30%**

금은 높은 프라이드를 나타냅니다. 당신은 본인이 사랑 받을 가치가 있다고 생각하고 있을 것입니다. 하지만, 보석의 디자인에도 유행이 있듯 당신의 가치가 떨어질 수도……. 시대에 뒤떨어지지 않는 것이 사랑 받을 수 있는 조건입니다.

 **백금 현재 사랑지수 30%**

내구성이 뛰어난 백금을 선택한 당신은 무의식 중에 자기도 모르게 현역에서 은퇴한 듯합니다. 정해진 상대가 있거나 혼자 있는 편이 편해지면 사랑에 대한 관심이 급속히 시들어 버리죠. 설렘을 소중히 여기세요!

곧 소나기가 쏟아질 것 같습니다.

당신과 애인의 젖은 옷은 어느 정도 마르고 있을까요?

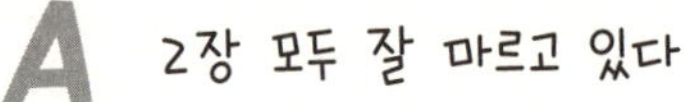
A  2장 모두 잘 마르고 있다

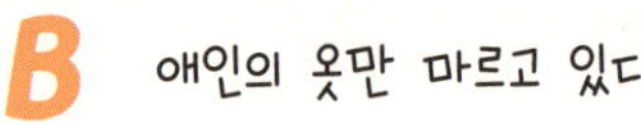
B  애인의 옷만 마르고 있다

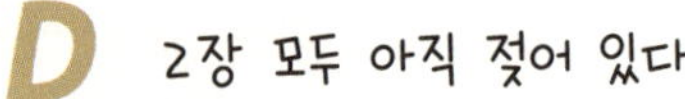
C  내 옷만 마르고 있다

D  2장 모두 아직 젖어 있다

마르고 있는 옷은 원래 당신다움을 나타내고, 젖은 옷의 상태는 사랑에 물들기 쉬운지 어떤지를 알 수 있습니다.

### 2장 모두 잘 마르고 있다 사랑에 물들기 쉬운 정도 50%

소통이 잘 되는 연애가 이상인 스타일. 서로의 자유를 이해하고 자유로운 관계를 형성합니다. 자신의 꿈과 미래에 대한 설계를 중요하게 여기기 때문에 이해 받고 함께 노력할 수 있는 상대와만 깊은 관계를 맺죠. 애인의 삶의 방식에도 간섭하지 않는 타입입니다.

### 애인의 옷만 마르고 있다 사랑에 물들기 쉬운 정도 100%

당신은 사랑을 하게 되면 주체성을 잃는 경향이 있습니다. 무엇이든 애인과 상담하고 스스로는 아무것도 결정하지 못하게 되죠. 그가 좋아하는 여자가 되기 위해 패션이나 라이프스타일까지 완전히 바꾸는 타입입니다.

### 내 옷만 마르고 있다 사랑에 물들기 쉬운 정도 0%

주도권을 잡는 것은 당신. 상대를 자신의 소유물로 여기며 제멋대로 스타일, 데이트 장소나 두 사람의 관계를 결정하면서 상대가 더욱 남자답게 리드해 주는 사람을 만나고 싶어하는 이율배반적인 성격의 소유자.

### 2장 모두 젖어 있다 사랑에 물들기 쉬운 정도 90%

당신의 사랑에는 출구가 없는 듯합니다. 상처를 서로 보듬어 줄 수 있는 파트너를 원하고 있기 때문. 이런 상태가 분명 편하기는 하지만, 서로 응석을 다 받아주다 앞으로 나아갈 힘을 잃게 될지도 모릅니다.

# Question **22**

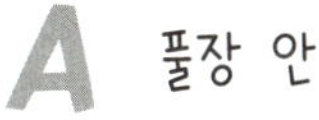

**A** 풀장 안

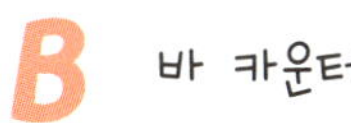

**B** 바 카운터

**C** 화장실

**D** 호텔 방

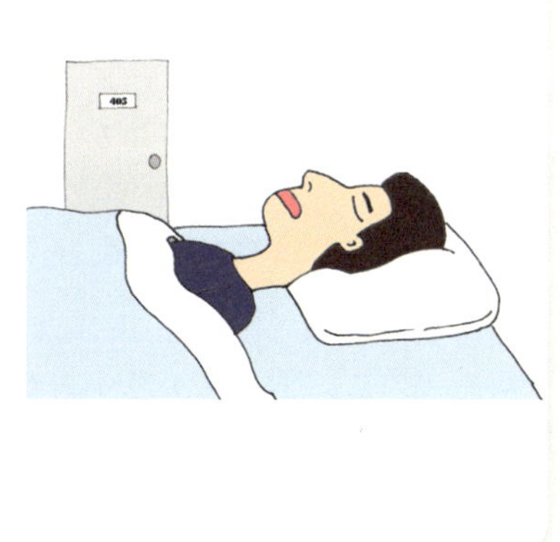

# Answer 22 당신의 이상적인 거리감

애인이 어디에 있는지에 따라 당신이 마음 편하게 느끼는 연애방법을 알수 있습니다. 당신의 이상적인 거리감을 알아 봅시다.

###  A 풀장 안 매일 함께

애인은 풀장에서 수영하고 있을 것이라고 생각한 당신은 외로움을 많이 타는 사람입니다. 사귀는 이상 가능한 한 함께 있기를 원하는 듯합니다. 데이트 날짜의 간격이 벌어지거나 반나절 정도 연락이 되지 않는 것만으로 불안을 느끼는 타입입니다.

###  B 바 카운터 주 1회

바 카운터에서 잠깐 쉬고 있는 애인을 떠올린 당신은 자유로운 연애가 이상적인 타입입니다. 페이스로 말하면 주1회 정도 만나는 느낌. 아무리 좋아하는 사람이라도 계속 함께 있으면 숨이 막힌다고 여기죠.

###  C 화장실 만나고 싶을 때 언제든

애인이 자신에게서 떨어질 때는 화장실에 갈 때뿐이라고 생각하는 당신은 사랑의 폭군입니다. 변덕스럽게 제멋대로 불러내거나 데이트를 갑자기 취소하는 등 자신을 항상 최우선으로 여겨주지 않으면 만족하지 못하는 타입입니다.

###  D 호텔 방 공백기도 OK

방으로 돌아간 애인은 높은 자유도를 뜻합니다. 서로 형편이 맞을 때 만나면 된다는 생각으로, 경우에 따라서는 몇 주, 몇 개월간 만나지 않아도 신경 쓰지 않죠. 장거리 연애에도 강한 타입입니다.

# **Q**uestion **23**

쿠키가 3개 있습니다. 애인과 둘이서 나눠 먹는다면?

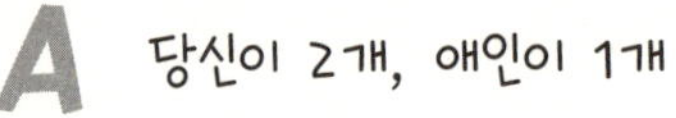
A 당신이 2개, 애인이 1개

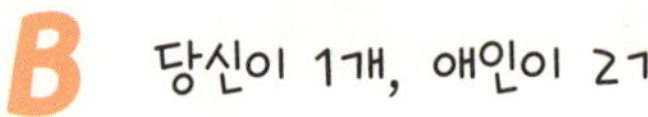
B 당신이 1개, 애인이 2개

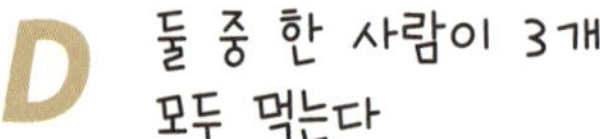
C 1개씩 먹고 나머지는
반으로 나눠 먹는다

D 둘 중 한 사람이 3개
모두 먹는다

# **A**nswer **23**  애인과의 상하관계

3개의 쿠키는 파워 밸런스를 나타냅니다. 어떤 식으로 나눴는지에 따라 애인과의 상하관계를 알 수 있습니다.

 당신이 2개, 애인이 1개 **상대방이 위**

언뜻 당신이 우위에 있는 것처럼 보이지만, 두 사람 관계의 열쇠는 상대방이 쥐고 있습니다. 바라는 것을 말하지 않는 대신 No라고 거부함으로써 모든 것을 컨트롤하고 있죠. 상하관계가 확실하네요.

 당신이 1개, 애인이 2개 **당신이 위**

애인에게 더 많은 쿠키를 준 당신은 친절하고 사려 깊은 사람입니다. 기본적으로 상대방의 의견을 존중하고 맞춰 갑니다. 하지만, 중요한 것은 절대 양보하지 않는 타입이기 때문에 최종 결정권은 확실히 잡고 있다고 할 수 있습니다.

 1개씩 먹고 나머지는 반으로 나눠 먹는다 **완전 평등**

아직 서로를 탐색하고 있는 상태입니다. 무엇을 좋아하고 싫어하는지 정보가 충분하지 않아 모든 것을 평등하게 하고 있는 듯합니다. 배려가 있기 때문에 서로 양보하는 경우도 많을 것입니다. 조금 더 시간이 흐르면 관계가 확고해지겠죠?

 둘 중 한 사람이 3개 모두 먹는다 **자유자재로 변화**

상하관계를 넘어선 상태입니다. "두 사람은 한 조"라는 인식에 따라 무엇이든 좋아하는 사람이나 잘하는 사람이 담당하면 된다고 생각하죠. 쿠키는 당신, 과자는 상대방 등 전체적인 밸런스가 균형을 이루고 있는 듯합니다.

# Question 24

**A** 손거울

**B** 벽시계

**C** 반지

**D** 액자

# Answer 24 사랑의 지속도

행복한 커플에게 어울린다고 생각하는 물건은 당신의 연애관을 반영합니다. 사랑이 오래 지속될지 알아봅시다.

 ### 손 거울 사랑의 지속도 10%

거울은 섬세한 물건입니다. 약간의 충격으로도 깨지거나 금이 가기 쉽죠. 굳이 이것을 선택한 당신은 "사랑은 그래서 재미있는 거야"라고 느끼고 있는 듯합니다. 영원한 사랑은 처음부터 믿지 않는 타입입니다.

 ### 벽시계 사랑의 지속도 30%

시계는 끝이 있는 시간을 상징합니다. 당신은 영원한 사랑을 동경하지만, 그것을 실현시키기는 어렵다는 것을 알고 있습니다. 사귀는 동안 무언가가 잘못되어 머지않아 멈춰 버릴 수 있다는 것을 알고 있는 것입니다.

 ### 반지 사랑의 지속도 70%

지극히 평범한 반지를 추천한 당신. 사랑을 오래 지속시키는 방법을 잘 알고 있는 듯합니다. 어떤 상황에서도 관계를 끊지 않고 참을 수 있는 타입이죠. 하지만, 두근거림이 사라졌는데도 타성에 젖어 관계의 지속을 선택하기 쉽다는 것은 깊이 생각해 볼 일입니다.

 ### 액자 사랑의 지속도 90%

액자를 선택한 당신은 영원한 사랑에 어울린다고 할 수 있습니다. 오래 지속되는 관계의 장점을 잘 알고 있어 한 남자를 끝까지 사랑할 수 타입이죠. 하지만, 그 진심에 어울리는 남자가 적다는 것이 어려운 부분이군요.

눈이 가려진 여자가 있습니다. 그녀에게 무슨 일이 있었을까요?

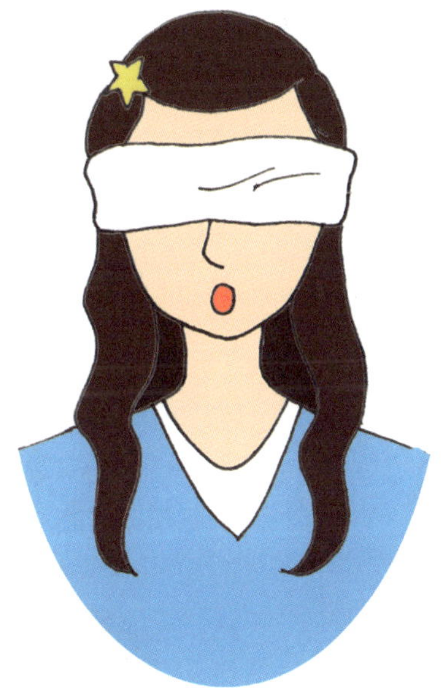

**A** 강도에게 습격 당했다

**B** 숨바꼭질을 하고 있다

**C** 스카프가 머리를 감싸고 있다

**D** 변태적인 사랑

# Answer 25 당신이 트러블 메이커가 될 가능성

눈이 가려진 상태를 통해 연상한 상황은 당신의 마음 속에 숨겨진 위험한 욕망을 반영합니다.

 **강도에게 습격 당했다** 트러블 메이커 가능성 90%

범죄를 상상한 당신은 흥분하면 참지 못하는 자신의 성격을 이미 알고 있는 듯합니다. 헤어질 것이라면 그와 함께 죽겠다는 등 말도 안 되는 방향으로 폭주할 우려도 있죠. 인생이 연애로 얼룩지지 않도록 컨트롤하세요.

 **숨바꼭질을 하고 있다** 트러블 메이커 가능성 50%

비일상적인 상황에서 놀이를 연상하는 것은 긍정적인 사고방식입니다. 하지만, 그만큼 모든 상황을 자기 좋은 대로 해석하는 버릇이 있죠. 실연 당했다는 사실을 인정하지 못해 자기도 모르게 스토커가 될 수도 있습니다.

 **스카프가 머리를 감사고 있다** 트러블 메이커 가능성 70%

눈이 가려진 상황을 건전한 이유로 설명한 당신. 애인이 불합리하게 행동해도 이성적으로 대응하는 타입입니다. 하지만, 결국에는 폭발해 상대의 약점을 잡아 일부러 싫어하는 행동을 골라 하게 될 것입니다.

 **변태적인 사랑** 트러블 메이커 가능성 0%

섹슈얼한 플레이를 연상한 당신은 사랑에서 게임요소를 원하고 있습니다. 감정적으로 빠지는 경우가 적기 때문에 무언가 문제가 있어도 깔끔하게 넘어갈 수 있죠. 트러블 메이커가 될 가능성이 낮으며, 무엇이든 이성적으로 해결하는 타입입니다.

# Question 26

A 첫 번째


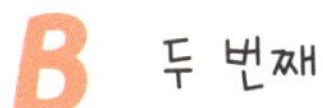

B 두 번째

L-BAR

L-BAR



C 세 번째



D 네 번째

L-BAR

L-BAR

# Answer 26  당신은 몇 번째 데이트부터 흥분 할까요?

몇 번째로 주문할 수 있는지에 따라 당신의 매력이 최대로 발휘되는 타이밍, 사랑의 절정을 알 수 있습니다.

###  A 첫 번째 첫 데이트

첫 데이트에서 상당한 진전이 있을 듯합니다. 알고 지내던 애인의 의외의 모습을 보게 되거나 속마음을 숨김없이 이야기하거나……. 상대방도 받아들일 준비가 되어 있기 때문에 안심하고 마음을 열어줄 것입니다.

###  B 두 번째 두 번째 데이트

두 번째 데이트에서 놀라울 정도로 반응이 달라집니다. 첫 번째는 서로 탐색하느라 너무 배려만 하기 쉽지만, 기본적인 페이스를 잡으면 바로 응용할 수 있는 것이 당신의 강점. 좋은 반응을 얻을 수 있을 것입니다.

###  C 세 번째 세 번째 이후

당신과 그의 사이에 친숙함이 생기는 것은 세 번째 데이트 이후일 것입니다. 이전 데이트까지 여러 공통적인 부분을 만들었기 때문에 급격히 친숙해지는 것이죠. 멀리 나가거나 평소와는 다른 시간에 만나는 등 변화를 주는 것도 자극이 될 수 있습니다.

###  D 네 번째 천천히 숙성되는 타입

좀처럼 고조되지 않는 두 사람. 하지만, 싫거나 질려서는 아닙니다. 진심으로 말하고 싶은 것이 따로 있는데 언제 말을 꺼내야 할지 몰라 타이밍을 계산하고 있는 듯합니다. 어느 날 갑자기 대진전이!

# 제2장

# 결혼편

속도를 내며 달리고 있는 자전거 2대가 정면 충돌하기 직전입니다.

어떻게 될까요?

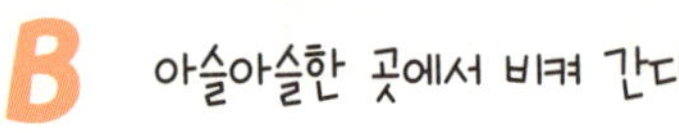
**A** 부딪친다

**B** 아슬아슬한 곳에서 비켜 간다

**C** 한 쪽이 멈춘다

**D** 좌우로 나눠진다

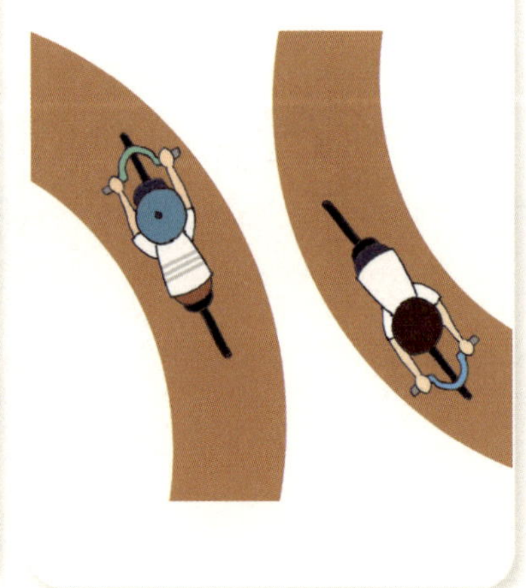

# Answer 27 당신의 결혼 희망지수

부딪칠 듯한 자전거는 각자의 인생을 걸어온 남녀를 의미합니다. 답변을 통해 결혼 희망도를 알 수 있습니다.

 **부딪친다 결혼 희망지수 10%**

결혼에 대해 반발심이 있는 듯합니다. 당연한 듯이 받아들이는 친구나 의무인 것처럼 강요하는 어른들에게 진절머리가 났을지도? 결혼 희망도는 낮으며, 당분간 아무것도 생각하고 싶지 않은 듯하네요.

 **아슬아슬한 곳에서 비켜 간다 결혼 희망지수 70%**

"좋은 상대만 있으면"이라는 말이 당신의 입버릇. 결혼을 하기 싫다는 것은 아니지만, 아직은 하고 싶은 마음이 없다는 것이 본심에 가까운 듯합니다. 그렇기 때문에 정말 마음에 드는 상대를 만나면 빠르게 진도가 나가겠죠.

 **한 쪽이 멈춘다 결혼 희망지수 30%**

결혼은 타협의 산물이라고 생각하는 당신. 아무리 시대가 변해도 무언가를 희생하지 않으면 성립되지 않는다고 확신하고 있죠. 지금까지의 삶을 버릴 각오가 생겼을 때, 결혼을 결정할 것 같습니다.

 **좌우로 나눠진다 결혼 희망지수 90%**

결혼에 무관심해 보이지만 사실은 누구보다도 의식하고 있는 당신. 나이도 먹고 있고 친구들도 하나 둘 떠나가는 것을 보니 초조해지고 있는 듯 한데요. 희망사항은 입 밖으로 꺼내지 않으면 이루어지지 않는 법! 주위의 도움을 적극적으로 요청해 봅시다.

# Question 28

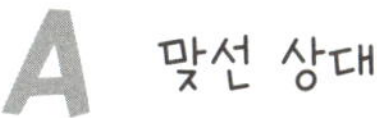
**A** 맞선 상대

**B** 중매자

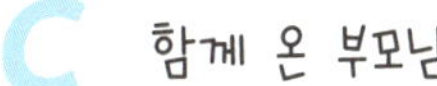
**C** 함께 온 부모님

**D** 본인

# **A**nswer **28** 맞선 성공률

맞선 자리에서 울린 휴대폰은 부정적인 요소를 나타냅니다. 당신의 맞선 성공률은 어느 정도일까요?

 ### **맞선 상대** 맞선 성공률 30%

당신은 마음 속으로 맞선에 대한 부정적인 생각을 가지고 있는 듯합니다. 결혼 상대자는 혼자서도 얼마든지 찾을 수 있다는 자신감, 꼭 결혼을 하고 싶은 것은 아니라는 생각이 강합니다. 맞선은 마음 편하게 만남의 한 수단이라고 생각한다면 성공률은 높아질 것입니다.

 ### **중매자** 맞선 성공률 40%

맞선에서 비굴해지기 쉬운 경향이 있습니다. 상대편의 스펙에 열등감을 느끼거나 자신의 비밀스런 과거가 발각될까 식은 땀을 흘리는 등 기회를 날리기 쉬운 타입입니다. 당당하게 행동하면 성공률은 높아질 것입니다.

 ### **함께 온 부모님** 맞선 성공률 90%

맞선 자리에서 심리적으로 유리한 입장을 점할 수 있는 당신. 미묘하게 장점을 내세우며, 결혼 후의 조건에 대해서도 불쾌감을 주지 않는 선에서 상대편에게 전달할 수 있는 타입입니다. 좋은 인연을 잡을 수 있는 능력이 충분하기 때문에 성공률은 90% 이상!

 ### **본인** 맞선 성공률 70%

당신의 마음 속에는 망설임이 숨겨져 있습니다. 결혼에 대한 입장이 뚜렷하지 않기 때문에 흘러가는 대로 맡겨 두는 타입이죠. 그러다가는 원하지 않는 방향으로 이야기가 진행되어 결국 무를 수 없게 될 수도 있습니다. 의사를 확실히 표현하길!

자리에 많은 선물이 와 있습니다.
마지막으로 열어보는 것은 무엇일까요?

 **A** 제일 큰 선물

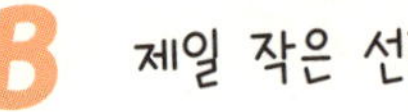 **B** 제일 작은 선물

**C** 화려하게 포장된 선물

**D** 특이한 모양의 선물

# Answer 29 당신에게 어울리는 결혼 상대

선물은 당신에게 온 애정의 상징입니다. 마지막에 집는 것은 당신에게 어울리는 결혼 상대를 나타냅니다.

## 제일 큰 선물 포용력 있는 사람

큰 물건은 포용력을 나타냅니다. 당신은 자신의 결점까지도 이해해줄 수 있는 사람을 마지막 결혼 파트너로 선택하게 될 것입니다. 과거에 헤어진 애인과의 재결합하거나 소꿉친구가 결혼 상대가 될 가능성도 큽니다.

## 제일 작은 선물 부유한 사람

작은 선물을 마지막으로 선택한 것은 속에 들어있는 물건의 질에 대한 기대감을 나타냅니다. 즉 당신이 중요하게 여기는 것은 물질적인 가치라 할 수 있습니다. 결혼 상대를 선택할 때 재산이 있는지 없는지가 가장 중요한 조건이죠.

## 화려하게 포장된 선물 외모가 훌륭한 사람

화려하게 포장된 선물을 마지막으로 선택한 것은 미적 취향 때문. 결혼 상대에게 가장 원하는 것도 외모일 것입니다. 경제력이나 성격에 결점이 있어도 외모만 마음에 들면 OK. 연하남도 유력 후보가 될 수 있습니다.

## 특이한 모양의 선물 개성 있는 사람

당신은 항상 틀에 얽매이고 싶지 않다고 생각합니다. 결혼 상대를 선택할 때에도 현모양처 등 고정관념에서 벗어나, 개성이 뚜렷한 캐릭터에 끌리게 됩니다. 남녀의 역할이 바뀌거나 기러기 부부생활을 해도 재미있어하며 받아들일 수 있는 타입입니다

# Question 30

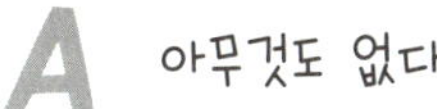 A 아무것도 없다

 B 영수증과 잔돈

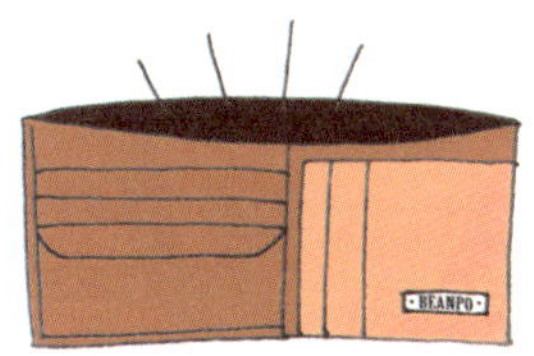

C 카드와 새 지폐

D 많은 돈

# Answer 30 부잣집으로 시집갈 가능성

주운 지갑은 당신의 잠재적인 재력을 나타냅니다. 안에 무엇이 들어 있는지에 따라 부잣집 사모님이 될 수 있을지 알 수 있습니다.

 ### 아무것도 없다 부잣집으로 시집갈 가능성 30%

텅 빈 지갑은 제로에서 새롭게 출발하는 것을 의미합니다. 당신은 경제력이 있기 때문에 무에서 유를 창조할 수 있습니다. 파트너의 재력에 기대지 않고 스스로 만들어가는 길을 선택하세요. 꿈 같은 삶이 실현될지도 모릅니다.

 ### 영수증과 잔돈 부잣집으로 시집갈 가능성 10%

서민 냄새가 가득한 짝퉁 명품지갑을 주운 당신. 수입이 오르기보다는 먼저 절약을 생각해야 하는 생활이 기다리고 있을지도 모르겠네요. 파트너는 신중히 선택하세요. 그렇지 않으면 몹시 고생할 수 있습니다.

 ### 카드와 새 지폐 부잣집으로 시집갈 가능성 90%

스마트한 생활을 연상시키는 진품 명품지갑을 주운 당신. 신분 상승에 대한 욕구가 강하기 때문에 웬만해서는 타협하지 않죠. 결국 노력이 결실을 맺어 바라던 혼담이 굴러 들어올지도 모릅니다. 신변정리를 철저히 한 후 부잣집 사모님 자리를 잡으세요!

 ### 많은 돈 부잣집으로 시집갈 가능성 70%

이미지 트레이닝은 충분! 당신은 다른 사람의 돈으로 부유하게 살고 싶어하지만, 구체적인 노력이 부족해 보입니다. 일류 세계에 진입할 수 있는 전통문화에 정통해지는 등 한눈에 반할 수 있는 요소를 키워 보세요.

# Question 31



결혼 선물로 5성급호텔 식사권을 선물 받았습니다.
누가 준 것일까요?

 **A** 친척

 **B** 중매자

 **C** 부모님

**D** 친구

# Answer 31 결혼 후 당신의 아군이 될 사람은 누구?

식사는 애정과 밀접한 관계가 있습니다. 떠오른 인물을 단서로 결혼 후의
아군을 찾아봅시다.

 ### 친척 직장상사 또는 선배

친척이 나타내는 것은 의리와 속박입니다. 결혼생활에서 당신은 체면을 고려
해 스스로를 희생하기 쉬운 타입입니다. 따라서 입장을 이해하고 유효한 해
결책을 생각해 주는 직장상사나 선배가 의지할 수 있는 내 편이 될 것입니다.

 ### 중매인 아군은 파트너

중매인을 떠올린 당신은 무의식적으로 가까운 사람에게 의지하고 있습니다.
곤란한 일이 있으면 부모님이나 친구에게 상담하죠. 하지만, 진짜 의지해야
하는 것은 파트너입니다. 부부나 가정 문제는 둘이서 해결합시다.

 ### 부모님 절친

부모님과의 사이가 끈끈한 당신. 순조롭게 지낼 때는 괜찮지만, 무언가 트러
블이 생기면 부모님의 의견을 강요 받을 수 있습니다. 따라서 만일의 경우 의
지할 수 있는 것은 같은 세대인 친구! 무엇이든 이야기할 수 있는 친구를 확
보해 두세요.

 ### 친구 부모형제

친구를 연상했다는 것은 결혼을 자신들만의 문제로 생각하고 있다는 증거입
니다. 가족끼리의 결합 등을 무시하는 경향이 있죠. 하지만, 진짜 곤란할 때 의
지할 수 있는 것은 가족입니다. 부모님이나 형제가 내 편이 되어줄 것입니다.

길을 걷다가 리모델링 중인 집을 발견했습니다.

어디를 고치고 있을까요?

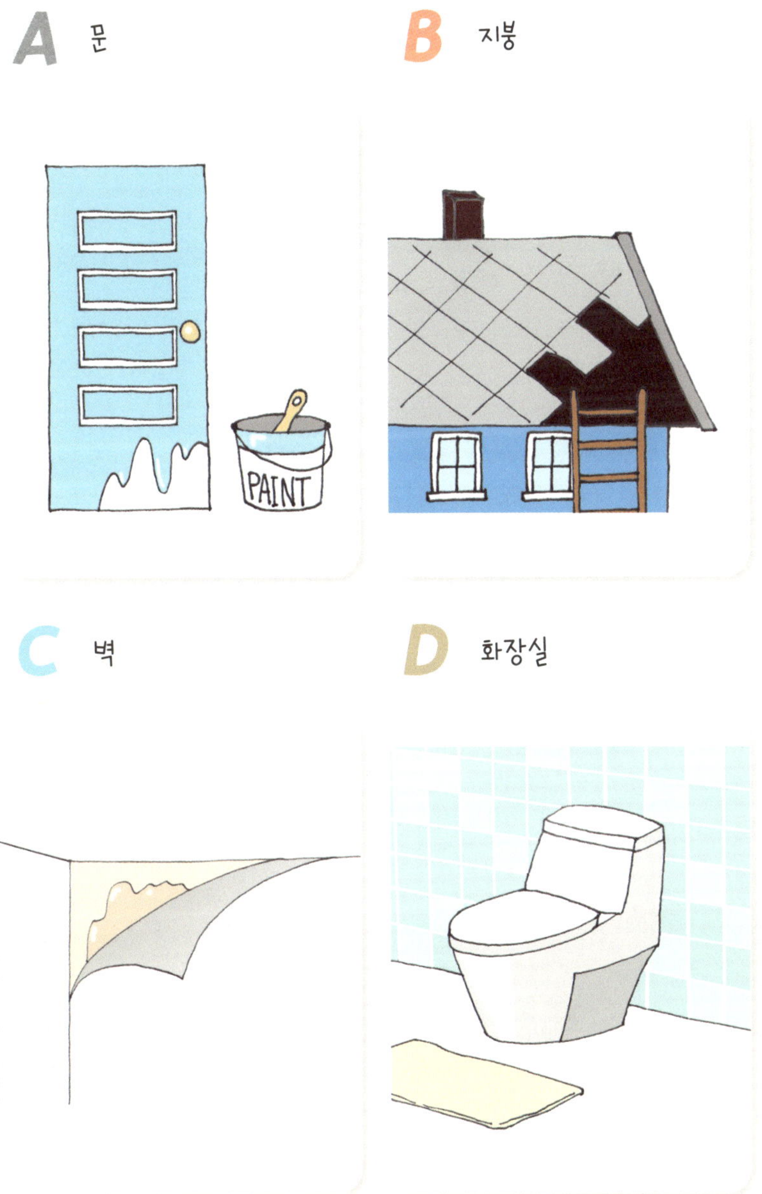

A 문
B 지붕
C 벽
D 화장실
PAINT

# Answer 32  당신의 결혼 적성도

수리가 필요하다고 생각한 장소는 당신이 결혼 후 직면할 문제를 암시합니다. 결혼 적성도를 알아봅시다.

 ## A 문 결혼 적성도 30%

문은 집 안과 밖을 연결하는 장소입니다. 거기에 리모델링이 필요하다고 생각한 것은 결혼 후 자유가 줄어들 것을 두려워하고 있다는 뜻입니다. 결혼 전의 편안함과 즐거움이 계속될지 어떨지에 따라 성공 여부가 정해질 것입니다.

 ## B 지붕 결혼 적성도 90%

지붕은 위험으로부터 가족을 지키기 위해 있는 것입니다. 당신은 결혼하면 무엇보다도 가정을 제일 중요시할 듯합니다. 집과 가족을 소중히 여기고 생활의 기반을 확고히 뒷받침할 수 있는 타입입니다. 종가 댁 맏며느리로 시집을 가도 합격 점을 받을 수 있을 것입니다.

 ## C 벽 결혼 적성도 70%

벽을 고친다고 생각한 당신은 참신한 결혼관을 가졌다고 할 수 있습니다. 오래된 스타일에 빠지지 않고 자신들에게 맞는 생활방식을 우선시하죠. 부모님과 주변사람들이 바라는 방식과는 다르겠지만, 분명 행복을 쟁취할 수 있을 것입니다.

 ## D 화장실 결혼 적성도 50%

화장실을 고친다고 생각한 당신은 쾌적한 생활을 원하고 있습니다. 따라서 안정된 삶을 약속해 주는 파트너와는 원활하게 생활할 수 있을 것입니다. 하지만, 생각보다 고생하고 있다고 느끼는 순간 도망칠 가능성도 높습니다.

미용실에서 파마를 했는데 마음에 들지 않습니다.

당신이라면 어떻게 하겠습니까?

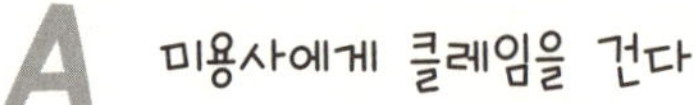

**A** 미용사에게 클레임을 건다

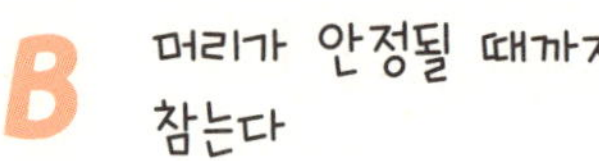

**B** 머리가 안정될 때까지
참는다

**C** 다른 미용실에서 다시
한다

**D** 잘라 버린다

# $A$nswer 33  당신의 불륜 가능성

실패한 파마는 예상 밖의 전개를 나타냅니다. 어떻게 대처하느냐에 따라 결혼 후 불륜 가능성을 알 수 있습니다.

 **미용사에게 클레임을 건다 불륜 가능성 0%**

파마를 한 장본인에게 제대로 항의할 수 있는 당신은 무언가 문제가 있어도 당사자끼리 해결할 수 있는 사람입니다. 가정에 불만이 있어도 다른 이성에게 도움을 구하는 일은 없을 것입니다. 불륜 가능성은 제로에 가깝습니다.

 **머리가 안정될 때까지 참는다 불륜 가능성 70%**

아무에게도 불만을 이야기하지 않고 참는 길을 선택한 당신. 무엇이든 속으로 삼키는 경향이 있는 듯합니다. 따라서 충동적으로 스치는 상대에게 몸을 맡길 가능성도 있습니다. 신분을 숨기고 밀회를 이어가는 사람도 있습니다.

 **다른 미용실에서 다시 한다 불륜 가능성 90%**

바람 피우는 것을 정당화하는 당신. 가정 문제를 구실 삼아 뻔뻔한 태도를 보이는 타입입니다. 파트너의 과실이 계기가 되었을지도 모르지만, 결국에는 흠을 들추어내면서 불륜을 반복할 수도 있습니다. 불륜 가능성이 매우 높음.

 **잘라 버린다 불륜 가능성 30%**

당신은 바람을 피우지 않을 사람입니다. 결혼 후 다른 이성에게 마음이 가면 이혼을 생각하게 됩니다. 제대로 마무리한 후에 새로운 관계를 시작하려고 하는 것이죠. 상황이 허락되지 않는다면 포기하는 길을 선택합니다.

# Question 34

A 지붕 위
B 다락방
C 나무 위
D 지상

# **A**nswer **34** 결혼 후 당신의 모습

2개의 공간을 이어주는 것이 사다리입니다. 사다리 위에 무엇이 있는지에 따라 결혼 후 당신의 모습을 알 수 있습니다.

 **지붕 위 카리스마 주부**

결혼 후 당신은 주도권을 잡을 듯합니다. 집안일과 가정 내 문제 등을 척척 해결하고, 자신을 위한 시간을 확보할 수 있습니다. 생활구역 안에 친구도 생겨 충만한 하루하루를 보낼 수 있을 것입니다.

 **다락방 견실한 아내**

사다리를 올라도 집 안에 있다고 대답한 당신은 집안 일에 쫓길 수 있습니다. 결혼 후 예상외로 부담이 늘어나 페이스를 잡는데 고생할지도 모르겠네요. 모든 일을 완벽하게 하고자 하는 마음을 버리는 것이 오래 결혼생활을 지속할 수 있는 비결입니다.

 **나무 위 파워풀한 사모님**

결혼을 계기로 라이프스타일이 격변할 듯합니다. 지금까지 가본 적 없는 장소에 갈 수 있게 되거나, 친분이 없었던 사람들과 친해지면서 인생의 제2막이 시작되죠. 상식적인 결혼관념에서 벗어나는 것이 행복해질 수 있는 비결입니다.

 **지상 사랑 받는 마담**

결혼생활은 당신에게 구원과 같습니다. 부모님과 함께 살거나 혼자 살아서는 얻을 수 없었던 무언가를 파트너로부터 받게 되기 때문이죠. 결혼 상대의 인맥이나 권한을 등에 엎고 사회적인 성공을 손에 넣는 사람도 많을 것입니다.

# Question 35

결혼 예물로 받은 시계가 멈췄습니다.
받은 후 얼마나 지났을까요?

A 하루
B 반년 정도
C 1년 정도
D 10년 이상
2016
2005/4/5
2015년 5월

# Answer 35  이혼의 위기가 언제 올 건가.

결혼 예물시계는 영원할 사랑을 나타냅니다. 언제 멈췄는지에 따라 이혼 가능성이 있는 시기를 알 수 있습니다.

 **하루 신혼 직후**

결혼 직후에 컬쳐쇼크를 받을 듯합니다. 생활습관의 차이로 숨겨져 있던 본심 등이 한번에 드러나, 부부싸움으로 살림이 박살 났겠죠. 아무리 화가 나도 말은 가려서 해야 할 것 같네요.

 **반년 정도 3년 이내**

엇갈림이 천적. 신혼생활의 달콤함이 사라질 무렵 살며시 다가오는 것이 권태기입니다. 사회생활과 가정의 밸런스를 맞추기 어려운 시기인 만큼 불만이 폭발하기 쉽죠. 결혼생활을 지속한다는 전제로 조정해 보길!

 **1년 정도 5~10년 후**

가치관의 차이가 명확해져 서로 양보할 수 있는 부분이 사라진 시기가 위험합니다. 부모님과 함께 사는 문제, 자식에 대한 문제 등 둘이서 의논한 문제가 생겼을 때 모든 것이 싫어질지도 모릅니다. 납득할 수 있을 때까지 계속 설득할 수밖에 없을 듯합니다.

 **10년 이상 은퇴기**

복수를 생각하고 있는 당신. 파트너의 폭언을 마음에 담아두고 있다 가장 효과적인 타이밍에 복수할 생각이군요. 속은 후련해질지도 모르지만, 이미 인생의 대부분이 끝나 있을 가능성이 높다.

아기에게 선물을 주려고 합니다. 무엇을 줄까요?

A 인형

B 딸랑이

C 담요

D 공갈젖꼭지

# A<sub>nswer</sub> 36 당신의 육아 능숙도

아기에게 무엇이 어울린다고 생각하는지에 따라 당신의 자식에 대한 태도를 알 수 있습니다. 육아 능숙도를 알아봅시다.

 **인형** 육아 능숙도 60%

인형은 아기의 첫 번째 친구. 많은 생각을 털어놓고 함께 놀면서 커가죠. 당신은 아이를 자신과 대등하게 다루려고 합니다. 사이 좋은 친구처럼 무엇이든 이야기할 수 있는 사이가 될 수 있을 듯합니다.

 **딸랑이** 육아 능숙도 50%

소리 나는 장난감을 선택한 것은 아이의 가능성을 넓혀주고 싶다는 생각의 증거입니다. 여기저기 데리고 다니며 다양한 경험을 하게 하는 행동파 부모가 되겠군요. 하지만, 세세한 부분까지 신경이 미치지 못해 간혹 실수가 있을 수 있으므로 주의하시길 바랍니다.

 **담요** 육아 능숙도 90%

담요는 보호의 상징입니다. 온도 차가 심한 환경에서 아기를 지켜 주겠다고 생각한 당신은 매우 상냥한 사람. 하지만, 조금 과잉보호하기 쉬운 타입입니다. 아이에게 너무 오냐오냐하는 부모가 되지 않도록 주의하세요.

 **공갈젖꼭지** 육아 능숙도 70%

아기에게 안정감을 주는 공갈젖꼭지. 당신은 어른과 아이의 차이를 잘 알고 있는 사람입니다. 작고 약한 생명을 지키고 키워 가야 한다는 의식이 있는 듯합니다. 그만큼 교육에 극성스런 부모가 될 가능성이 높습니다. 아이에게 너무 강요하지 않도록 주의하세요.

# 제3장

# 섹스편

# **Q**uestion **37**

코트를 세탁소에 맡기려고 하는데 주머니에 무언가 들어 있습니다.
무엇일까요?

**A** 시계 또는 액세서리

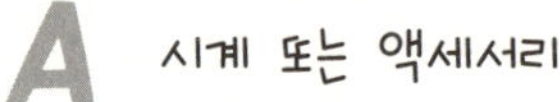

**B** 손수건

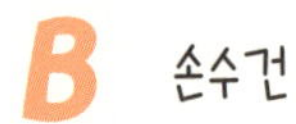

**C** 영수증 등 쓰레기

**D** 집 열쇠

# Answer 37   당신의 욕구불만지수

주머니에 넣은 채로 둔 물건은 무의식 속의 욕망과 관련이 있습니다. 욕구불만도를 알아봅시다.

## 시계 또는 액세서리 욕구불만지수 60%

당신의 마음 속에는 석연치 않은 불만이 숨겨져 있는 듯합니다. 섹스를 더욱 자주 하고 싶다거나 다양한 플레이를 해보고 싶다고 생각하고 있죠. 하지만, 직접 말로 꺼내는 것은 어려워 어쩔 수 없이 꾹 참고 있네요.

## 손수건 욕구불만지수 90%

섹스 이전에 식욕이나 수면 등 일상생활 유지에 직결되는 부분이 충족되지 않은 듯합니다. 간단히 말하면 성생활을 할 상황이 아닌 것이죠. 생활을 바로잡고 편안하게 살 수 있는 방법을 찾아 보세요. 몸의 쾌락에 대해서는 그 후에 이야기합시다.

## 영수증 등 쓰레기 욕구불만지수 30%

현재 상황에 완전히 익숙해진 당신. 없으면 없는 대로 상관없고, 기회가 있으면 해도 상관없다는 식의 제법 담백한 심경을 가지고 있습니다. 섹스로 사랑을 확인하기보다는 생리적인 욕구를 충족시키는 행위로 생각하고 있을지도.

## 집 열쇠 욕구불만지수 0%

집 열쇠가 없는 것을 알아채지 못했다는 것은 당신이 현재 환경에 만족하고 있음을 나타냅니다. 반면, 스스로부터 원하는 행동이 없어 섹스 욕구도 사라진 듯합니다. 가끔은 자극적인 밤을 기획해 봐도 좋지 않을까요?

꽃밭에서 낮잠을 자고 있는데 나비가 다가와 당신의 몸에 앉았습니다. 나비가 앉은 곳은 어디일까요?

A 머리카락
B 팔
C 허리
D 다리

> 나비는 유혹의 상징. 어디에 앉았는지에 따라 당신의 포인트를 알 수 있습니다.

### 머리카락 음란함

머리카락에 나비가 앉았다고 생각한 당신은 이미지 주도형입니다. 직접 만지는 것보다, 누군가 속삭이거나 뜨겁게 쳐다보면 흥분이 될 것 같네요. 귀나 목 부분으로 다가오는 것에도 약할지도 모르겠군요.

### 팔 답답함

팔을 선택한 당신은 누군가 당신을 애태우는 것을 좋아합니다. 당신을 따돌리거나 기다리게 하는 것에 기쁨을 느끼죠. 만져질 듯 말듯한 미묘한 터치로 감정이 천천히 고조가 되죠. 섹스 이전에 스킨십 만으로도 흥분할 수 있는 타입입니다.

### 허리 직접적임

당신은 직접적인 플레이를 원하고 있습니다. 애무 없이 직접 국부를 만지거나 삽입하는 등 강하게 진행하면 몸이 갑자기 눈뜨는 타입. 옷을 입은 채로 하거나 남의 눈에 띄지 않도록 친하게 지내는 것도 싫어하지 않습니다.

### 다리 사랑스러움

누군가가 간절히 원하거나 소중하게 다루어주면 기분이 점차 고조되는 타입. 나비가 앉았다고 생각한 다리는 느끼기 쉽기 때문에, 조금만 접촉만 하는 것만으로 그 느낌을 느낄 수 있습니다.

오래된 성에 촛불이 켜져 있습니다. 촛불은 어디에 놓여 있을까요?

**A** 선반 위

**B** 복도

**C** 식탁 위

**D** 침실

# Answer 39  당신의 섹스기대지수

켜져 있는 초는 당신에게 욕망이 있는지를 나타냅니다. 어디에 놓여 있는지에 따라 섹스에 대한 기대감을 알 수 있습니다.

 **선반 위** 섹스기대지수 20%

선반 위에 있는 초는 이성이 본성을 이긴다는 것을 나타냅니다. 지금의 당신은 섹스 이외의 것에 관심을 가지고 있어 마음의 준비가 되어있지 않은 듯합니다. 누군가 유혹해도 얼버무리며 잘 넘길 것 같습니다.

 **복도** 섹스기대지수 80%

복도를 비추는 초는 성적인 호기심이 높다는 것을 암시합니다. 기회가 있으면 자 보고 싶은 사람, 시도해 보고 싶은 플레이가 있지 않나요? 유혹에 잘 넘어가 그때그때 쉽게 선을 넘는 타입입니다.

 **식탁 위** 섹스기대지수 100%

식탁 위에 있는 초는 억누를 수 없는 욕망을 나타냅니다. 섹스에 대한 관심이 높아 평소에도 의식에서 사라지지 않을 정도. 무엇을 봐도 성적인 의미로 생각하거나 망상이 멈추지 않죠. 섹스에 대한 기대도가 최고조에 달한 듯합니다.

 **침실** 섹스기대지수 40%

섹시한 이미지와는 반대로 그렇게 하고 싶지는 않은 듯합니다. 파트너에 대한 배려나 예의로 상대해 주는 경우가 있는데 의무를 다하는 듯한 느낌일지도? 매너리즘, 자극부족을 의심해 볼 필요가 있겠군요.

물고기를 낚으려다 도리어 물고기에게 이끌려 바다에 빠지고 말았습니다. 어느 정도 깊이까지 잠수하게 될까요?

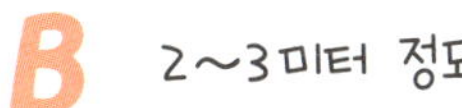

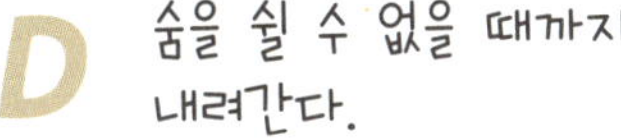

C 4~7미터 정도

D 숨을 쉴 수 없을 때까지
내려간다.

# Answer 40 당신의 SEX 오르가즘 지수

물고기는 쾌감의 상징. 쾌감을 잡기 위해 어디까지 잠수할지에 따라 당신의 SEX 오르가즘 지수를 알 수 있습니다.

 **1미터 정도 오르가즘 지수 20%**

아직 얕은 여울에 머물러 있군요. 쾌감에 몸을 맡기려고 해도 이성이 제동을 거는 듯합니다. 파트너와의 신뢰관계를 강화하는 것이 우선! 마음을 허락하면 몸도 열릴 것입니다.

 **2~3미터 정도 오르가즘 지수 40%**

자신의 몸보다 깊은 곳까지 들어갔다고 대답한 사람은 그만큼 경험이 있는 사람입니다. 하지만, 이야기로 들은 쾌감은 아직 느끼지 못한 것 같습니다. 더욱 탐욕스러워질 필요가 있을 것 같습니다. 섹스 스타일이나 시간을 바꿔 보는 것이 좋을 것 같습니다.

 **4~7미터 정도 오르가즘 지수 70%**

바다가 갑자기 깊어지는 것처럼 깊게 훅 빠질 수 있는 타입입니다. 아무리 끈질기게 밀어 붙여도 반응이 없었는데 어떤 일말의 계기로 눈을 뜨게 되죠. 한번 시작하면 그 다음은 끝이 없습니다. 느긋하게 기다려 보세요.

 **숨을 쉴 수 없을 때까지 내려간다. 오르가즘 지수 90%**

한계에 도전하고자 하는 당신. 쾌락을 위해서라면 무슨 짓이라도 할 각오가 되어 있군요. 하지만, 오르가즘만을 너무 원한 나머지 마음을 소홀히 하고 있는 듯합니다. 섹스는 사랑을 확인하는 수단임을 잊지 마세요.

# Question 41

화창한 봄 날 교외로 드라이브를 간 당신. 그런데 저 멀리
먹구름이 보입니다. 날씨는 어떻게 될까요?

**A** 비가 내리기 직전에
돌아갈 수 있을 것 같다

**B** 비가 가볍게 내릴 것
같다

**C** 지나가는 비여서
곧 맑아질 것 같다

**D** 억수같이 쏟아질 것 같은
느낌이 든다

# Answer 41　섹스 선호도

멀리 보이는 먹구름은 스스로 인정하고 싶지 않은 욕망을 나타냅니다. 당신의 섹스에 대한 진심을 알아봅시다.

###  비가 내리기 직전에 돌아갈 수 있을 것 같다 섹스는 귀찮아

당신은 가능하다면 섹스를 피하고 싶다고 생각하고 있습니다. 하지만 그것은 깊은 관계가 싫어서가 아니라 이성 앞에서 알몸이 되는 것에 대한 저항감과 뒤처리가 귀찮다는 이미지가 있기 때문이죠. 경험이 쌓이면 신경 쓰이지 않을 것입니다.

###  비가 가볍게 내릴 것 같다 섹스는 안 해도 돼

여우비를 연상한 당신은 매우 담백한 타입. 누군가 요구하지 않으면 아무것도 없이 끝나도 전혀 신경 쓰지 않죠. 섹스에 집착하지 않는 이유는 과거 파트너에게 미련이 있기 때문은 아닌가 ?

###  지나가는 비여서 곧 맑아질 것 같다 섹스, 가끔은 하고 싶어

욕망의 주기가 확실한 당신. 엄청 하고 싶은 때가 있다면 전혀 관심이 없는 시기도 있습니다. 자신의 주기에 대해 잘 파악해 두세요. 그 느낌이 고조될수록 이성도 관심을 많이 보일 것입니다.

###  억수같이 쏟아질 것 같은 느낌이 든다 섹스, 싫지 않아

당신은 섹스를 꽤 좋아하는 사람. 얼굴에는 나타나지 않지만, 머리 속에는 야한 망상이 가득합니다. 상상력이 너무 왕성해 현실이 쫓아오지 않는 경우도 있죠. 과격한 욕망으로 파트너에게 차이지 않도록 주의하세요.

# Question 42

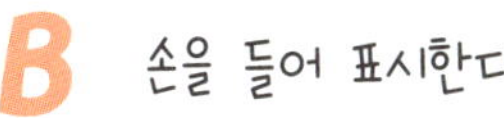
**A** 일단 큰 소리로 부른다

**B** 손을 들어 표시한다

**C** 혼잡이 진정될 때까지 기다린다

**D** 주방까지 간다

# Answer 42 파트너 유혹 능숙도

추가주문 방법은 섹스를 유도하는 방법과 같습니다. 당신은 어떤 식으로 이성을 유혹할까요?

 **A 일단 큰 소리로 부른다** 유혹 능숙도 50%

당신의 유혹에는 결정적으로 무드가 없습니다. 하지만 세상에는 답답한 것을 싫어하는 사람도 많기 때문에 승률은 나쁘지 않죠. 때로는 밀지만 말고 당기기도 해보면 이외의 사람에게서도 OK를 얻을 수 있을 것입니다!

 **B 손을 들어 표시한다** 유혹 능숙도 30%

당신은 아주 스마트한 사람입니다. 서로 어색해지지 않도록 자연스럽게 유도하는 타입이죠. 하지만, 치명적인 매력이 약하기 때문에 상대방이 도망칠 수도 있습니다. 강인하게 당기는 것도 중요합니다.

 **C 혼잡이 진정될 때까지 기다린다** 유혹 능숙도 70%

스스로 나설 생각은 전혀 없는 당신. 하지만, 무의식적으로 욕정의 사인을 보내고 있는 듯합니다. 뜨거운 시선과 목소리 톤, 아쉬운 듯한 공기 등이 전해지고, 그 뜻을 알아차린 이성이 먼저 권유해 줍니다.

 **D 주방까지 간다** 유혹 능숙도 90%

노리면 반드시 쓰러뜨리고 마는 것이 당신의 방식. 별 반응이 없어도 계속 시도해 결국에는 상대를 무너뜨리고 말죠. 돌아보게 만들기 위해서는 무엇이든 할 각오가 되어 있기 때문에 열의에 끌려 "YES"라는 답을 들을 수 있습니다.

섹스 후 애인이 TV를 켰습니다. 무엇을 보고 있을까요?

 뉴스

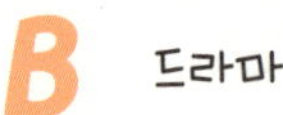 드라마

**C** 무한도전

**D** K-POP

# Answer 43 당신이 사랑 받는 정도

섹스 후에 나오는 방송은 파트너의 무드를 반영합니다. 당신은 정말 사랑 받고 있을까요?

## 뉴스 사랑 받는 정도 70%

뉴스를 본다는 것은 파트너의 의식이 일상으로 돌아왔음을 의미합니다. 두 사람의 관계는 안정기에 접어들어 좋지도 나쁘지도 않게 안정되어 있는 듯합니다. 더욱 사랑 받고 싶다면 애인이 좋아할 만한 서비스를 늘려 보면 좋겠네요.

## 드라마 사랑 받는 정도 40%

섹스 후 드라마를 틀었을 것이라고 생각한 것은 위험한 징후입니다. 사람은 리얼한 생활에 만족할 때에는 드라마를 원하지 않기 때문입니다. 파트너의 마음이 식고 있을지도 모르겠군요. 거리감이나 만나는 방법을 바꿔볼 필요가 있는 듯합니다.

## 무한도전 사랑 받는 정도 20%

예능은 기분전환이나 심심풀이를 위해 만들어진 프로그램입니다. 섹스 후 파트너가 예능을 보고 있다고 느낀 것은 당신과의 관계도 그저 의무일 가능성이 높기 때문입니다. 진지하게 사귈 가치가 있는지 재점검해 보길!

## K-POP 사랑 받는 정도 90%

음악에는 기분을 상승시키는 면이 있습니다. 섹스 후에 음악 프로그램으로 채널을 맞추는 것은 여운을 즐기고 싶다는 심리의 표현. 파트너는 당신과의 관계에 만족하고 있으며 좋은 관계를 만들어가고 있는 듯합니다.

# Question 44

바다를 생각해보세요. 무엇이 가장 먼저 떠오르나요.

A 해수욕
B 해안선 드라이브 섹스편
C 서핑
D 낚시 또는 크루징

# Answer 44 당신의 선을 넘는 방법

바다는 관능의 심볼입니다. 어떤 식으로 바다를 즐길지에 따라 당신이 선을 넘는 이유를 알 수 있습니다.

 **해수욕** 분위기와 기운

비교적 쉽게 OK하는 당신. 자보지 않으면 진짜 궁합을 알 수 없다고 생각하고 있는지도. 하지만 그만큼 섹스를 하고 싶은 상대가 섹스만을 요구하는 경우도 자주 있습니다. 살짝 애태우면서 반응을 확인하는 시간을 가져야 합니다.

 **해안선 드라이브** 끈기 부족

누군가 강하게 밀어붙이면 거절하지 못하는 타입입니다. 상대방의 기분을 헤쳐서는 안 된다고 생각하기 때문에 하고 싶지 않아도 응하게 되죠. 한편, 평소와 다른 이성의 앞이라면 대담하게 변신할 때도 있습니다. 강하게 밀어붙이면서 다른 사람처럼 행동하기도 하는 듯 하네요.

 **서핑** 변덕쟁이

진지한 무드가 연출되고 상대방이 진한 농담으로 유혹하면 경계심을 푸는 타입. 진심으로 마음에 두고 있는 사람은 순수한 관계로, 또는 섹스 파트너로 점찍어 둘지도, 무엇을 위한 섹스인지 잘 생각해 보세요.

 **낚시 또는 크루징** 직전 정지

낚시나 결말을 선택한 당신은 섹스를 컨트롤하는 타입입니다. 섹스 직전까지는 허락하지만, 최후의 선을 못 넘게 하는 등 자신의 몸을 내주길 아까워하는 듯 합니다. 어중간한 관계에서는 전진할 수 없는 것 아닌가요?

# $Q$uestion **45**

일주일 동안 친구로부터 새를 맡게 되었습니다. 어떤 새일까요?

A 아름다운 날개를 가진 새

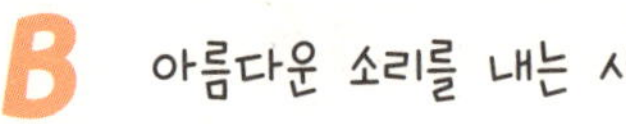
B 아름다운 소리를 내는 새

C 사람의 말을
바로 기억하는 새

D 붙임성 있게
손에 올라타는 새

# Answer 45 당신의 성적 매력

새는 이성 앞에 나섰을 때의 당신을 상징합니다. 성적 매력이 어느 정도인지 알 수 있습니다.

 **아름다운 날개를 가진 새 성적 매력 100%**

아름다운 날개는 시각에 호소하는 부분입니다. 당신은 이성에게 한번쯤 상대해 보고 싶은 사람으로 보이는 듯합니다. 아주 잠깐 만난 사람도 당신에게 섹스를 제안하는 등 이해할 수 없는 전개도 많이 일어나죠. 성적인 매력이 흘러넘치기 때문입니다.

 **아름다운 소리를 내는 새 성적 매력 80%**

매력적인 소리를 떠올린 당신, 섹시함이 상대를 천천히 무장해제 시키는 타입. 처음에는 단순한 친구, 얼굴만 아는 사이 정도였는데 어느덧 상대방의 마음이 당신에게 향해 곤란해지는 일도 있죠. 자신의 매력을 깨닫는 순간, 당신은 섹시한 사람입니다.

 **사람의 말을 바로 기억하는 새 성적 매력 40%**

당신은 스스로 색시 미가 없다고 생각하는 듯합니다. 하지만 주변 사람으로부터 평판은 그리 나쁘지 않습니다. 방어적인 자세를 취하고 있어 성적인 권유나 농담을 해서는 안 된다고 생각하고 하고 있지는 않나요? 철벽과도 같은 자세를 조금 무너뜨려 보면 새로운 전개가 기다릴 것입니다!

 **붙임성 있게 손에 올라타는 새 성적 매력 30%**

붙임성 있는 새처럼 당신은 사람들에게 항상 열려 있습니다. 따라서 잘 모르는 사이임에도 불구하고 모든 것을 알고 있는 듯한 기분이 들게 하죠. 좀더 비밀을 간직해 보세요. 그러면 성적 매력도 늘어날 것입니다.

# Question 46

**A**    식사

**B**    드라이브

**C**    영화 또는 콘서트

**D**    숙박

# Answer 46 선을 넘은 후의 관계

석양은 남녀관계의 종착점을 상징합니다. 갈 데까지 간 후 두 사람이 어떻게 되는지를 알 수 있습니다.

 ### 식사 시간에 맡긴다

식사가 의미하는 것은 충전입니다. 즉 섹스를 한 후 당신은 완전히 소진되어 버립니다. 따라서 바로 다음 전개를 생각할 수 없죠. 당분간 시간이 흐르는 대로 맡겨 놓고 상황을 지켜보고 싶다고 생각하고 있는 듯합니다.

 ### 드라이브 시험기간

드라이브는 둘만의 시간을 나타냅니다. 섹스를 한 후 당신은 확인 단계에 들어갑니다. 상대가 정말 자신에게 필요한 사람인지, 함께 있을만한 가치가 있는 사람인지 천천히 검토하는 시간을 갖습니다.

 ### 영화 또는 콘서트 내면을 중시

영화 또는 콘서트는 감동을 공유하는 행위입니다. 섹스를 한 이상 진지하게 사귀고 싶다는 마음이 강해져 단숨에 내면의 연결고리를 강화합니다. 육체적인 관계를 이루었음을 후회하고 싶지 않기 때문이죠.

 ### 숙박 섹스 삼매경

섹스를 암시하는 석양 후에 또 다시 숙박 데이트를 떠올린 사람은 에로틱한 욕망의 화신입니다. 한번 선을 넘으면 섹스 없는 데이트를 생각할 수 없게 되죠. 24시간 내 섹스만 생각 할 수도.

# Question 47

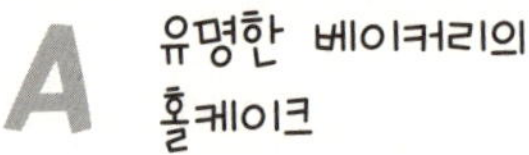

**A** 유명한 베이커리의
홀케이크

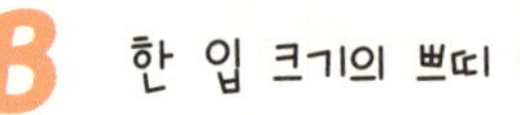

**B** 한 입 크기의 쁘띠 케이크

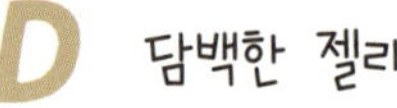

**C** 제철과일

**D** 담백한 젤라또

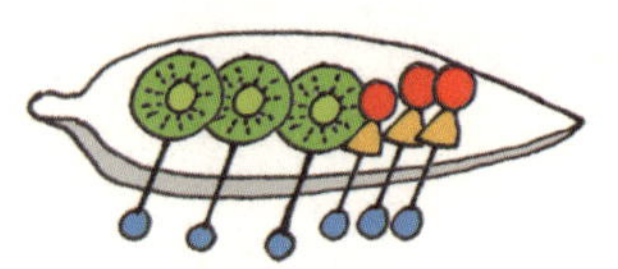

# Answer 47 당신의 개발지수

디저트는 쾌락을 나타냅니다. 제공하려고 생각한 메뉴를 통해 당신의 개발지수를 알 수 있습니다.

### 유명한 베이커리의 홀케이크 개발지수 30%

커다란 케이크로 파티 분위기를 UP시키려고 하는 당신은 본인이 진짜 원하는 것을 모르는 듯합니다. 단지 아무 생각 없이 섹스를 하고, 그것이 전부라고 생각하죠. 아직 개발 여지는 남아 있으니 여러 가지를 시도해 보세요!

### 한 입 크기의 쁘띠케이크 개발지수 50%

파티의 종반에는 그렇게 많이 먹지 못한다고 생각하는 당신은 섹스에 대해서도 나름 경험이 축적되어 있는 듯합니다. 자신만의 스타일도 가지고 있을지 모르겠습니다. 점점 아름다운 몸매로 변화하는 당신은 성숙해지고 있습니다.

### 제철과일 개발지수 60%

과일은 사랑을 고백하는 표시이기도 합니다. 당신은 무의식적으로 더욱 강한 자극과 쾌락을 얻고 싶어하고 있습니다. 섹스를 알기 시작한 후부터 더욱 잘하고 싶다고 바랐을지도 모르겠네요.

### 담백한 젤라또 개발지수 100%

젤라또로 몸을 식히고자 한 당신은 섹스에 완전히 눈을 뜬 상태입니다. 자신이 무엇을 좋아하는지 확실히 알고 있어 생각대로 오르가즘을 느낄 수 있습니다. 이제 평범한 플레이로는 만족을 느끼지 못할지도 모르겠네요.

사고로 항상 다니던 길이 폐쇄되었습니다.

대신 어떤 길로 갈까요?

**A** 어두운 공원

**B** 끈질긴 호객 꾼이 있는 번화가

**C** 모텔거리

**D** 멀리 돌아가야 하는 주택가

# Answer 48 다른 사람에게 말할 수 없는 섹스에 대한 욕망

항상 다니던 길은 상식과 양식을 의미합니다. 그것이 봉쇄되었을 때 다른 사람에게 말할 수 없는 욕망이 드러납니다.

### 어두운 공원 위험한 플레이

굳이 어두운 길을 선택한 당신은 마음 속 어딘가에서 위험을 원하고 있습니다. 일면식도 없는 이성과 섹스를 즐기거나 스와핑 등 비정상적인 상황을 시도해 보고 싶다고 생각하고 있습니다.

### 끈질긴 호객꾼이 있는 번화가 역할 플레이

호객 꾼을 뿌리치면서 가야 하는 길을 선택한 것은 다른 사람과의 접촉을 원하고 있음을 의미합니다. 가학적인 관계를 즐기는 SM, 다른 캐릭터로 변신해 사랑을 즐기고 싶어하죠. 코스프레도 시도해 보세요. 쾌감이 2배로 증가 할 것입니다.

### 모텔거리 개방적인 플레이

모텔거리를 걷는 것은 성욕을 상대에게 알리고 싶다는 표현입니다. 야외섹스, 공원섹스 등 누군가 에게 보여주기 위한 행동을 동경하고 있는 듯합니다. 지나친 노출은 부디 주의하길!

### 멀리 돌아가는 주택가 금단의 플레이

멀리 돌아가더라도 안전한 길을 선택한 것은 억제된 삶을 의미합니다. 억제된 만큼 욕망은 아주 강해 허락되지 않는 관계에 끌리기 쉽습니다. 말 그대로 다른 사람에게는 말할 수 없는 섹스를 꿈꾸고 있습니다.

# 제**4**장

## 자아찾기편

길을 걷고 있는데 반가운 음악이 흘러 나옵니다. 어떤 곡일까요?

**A** 즐겨 보던 애니메이션 주제가

**B** 음악 시간에 듣던 클래식

**C** 단합대회에서 췄던 댄스 곡

**D** 누군가 연습하고 있는 피리 소리

# Answer 49 당신이 지금 원하고 있는 것

떠올린 음악은 당신이 무의식적으로 원하고 있는 것을 나타냅니다. 무엇이 부족한지 알아봅시다.

### 즐겨 보던 애니메이션 주제가 꿈과 희망

애니메이션은 꿈과 희망의 상징입니다. 요즘 설레는 일이 없어지지 않았나요? 예전에 좋아했던 것들을 떠올려 보세요. 그 연장선상에서 열중할 수 있는 무언가를 찾을 수 있을지도 모릅니다.

### 음악 시간에 듣던 클래식 인정

클래식은 영광을 의미합니다. 당신은 노력을 인정 받지 못하는 매일매일에 싫증이 난 듯합니다. 사실은 더 인정받고 싶고 칭찬받고 싶다고 느끼고 있는 것이죠. 과감하게 환경을 바꿔보는 것도 좋을 것 같습니다.

### 단합대회에서 췄던 댄스 곡 리더

하고 싶지 않은데 다른 사람의 강요에 의해 춤을 추다 약간 즐거워졌던 기억이 당신에게 있는 것 같습니다. 지금도 또 누군가가 당신을 잡아당겨 주길 바라고 있는 것 같습니다. 마음 속에서 좋은 리더를 원하고 있군요.

### 누군가 연습하고 있는 피리 소리 애정

피리 소리는 풍부한 애정을 암시합니다. 지금 당신은 누군가의 상냥함과 따뜻함에 에워싸이고 싶은 듯합니다. 외로움과 고독감에 짓눌리기 전에 마음을 허락할 수 있는 애인이나 친구를 만나러 갈 필요가 있습니다.

우산을 착각해 다른 사람의 것을 가져와 버렸습니다.

주인은 누구일까요?

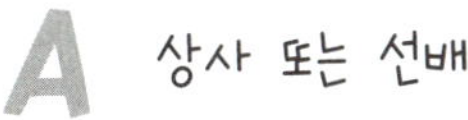


**A** 상사 또는 선배

**B** 동료

**C** 손님

**D** 후배

# Answer 50 당신의 인간관계의 트러블

비로부터 몸을 지키는 우산은 보수성을 나타냅니다. 실제 우산 주인과 부딪쳐 트러블이 일어나기 쉽습니다.

### A 상사 또는 선배 지나친 반발

상사 또는 선배의 우선을 가져왔다고 생각한 것은 당신이 연장자와 부딪치기 쉬운 타입이라는 것을 나타냅니다. 혼나거나 강요 당하면 반발하고 말죠. 명령에 따르는 것도 업무 중 하나라고 생각하며 체념합시다.

### B 동료 지나친 대응

동료를 선택한 사람은 만남을 중시하는 타입입니다. 무언가 권유 받으면 되도록 응해 주려고 하고 보폭을 맞추려고 하죠. 그래서 결국에는 괴로워질 수도. 적당한 거리를 두는 것이 중요합니다.

### C 손님 지나친 배려

손님의 우산을 가져왔다고 생각한 것은 당신이 부자연스러운 배려를 하고 있기 때문입니다. 상대에게 실례를 범하지 않도록 온 신경을 기울이다 보니 오히려 불균형적인 관계가 형성되고 말죠. 꾸밈 없이 솔직하게 어울려 보세요.

### D 후배 설명 부족

후배의 우산은 업무를 가르치기에 귀찮아하고 있다는 뜻입니다. 하나하나 설명하기보다 스스로 하는 편이 빠르다는 생각을 가지고 있기 때문에 제대로 전달할 수 없습니다. 내 설명이 부족했기 때문이라고 자각하면 인간관계는 원활해질 것입니다.

# **Q**uestion **51**

모르는 사람이 길을 물었습니다. 당신이 안내한 곳은……?

A 역
서울역
Seoul Station
B 레스토랑
Family Restaurant
Family Restaurant
C 쇼핑몰
SHopping Center
D 학교

# **A**nswer **51**  당신의 마음의 안식처

모르는 사람이 묻는 장소는 당신이 잘 알고 친숙한 세계입니다. 마음의
안식처는 어디일까요?

 **역** **장래성**

역을 가르쳐준 사람은 아직 가능성이 남아있는 것을 마음의 안식처로 삼고
있는 것입니다. 되고자 하면 무엇이든 될 수 있다고 믿고 있다는 것. 단, 거기
에 만족해 도전하는 것을 잊기 쉬우니 주의하세요.

 **레스토랑** **사교**

레스토랑이 나타내는 것은 사교입니다. 당신은 가까운 사람과의 만남을 마음
의 안식처로 삼고 있습니다. 친구나 동료, 가족들과 좋은 관계를 맺고 있죠.
하지만, 다른 사람의 문제에 휘둘리기 쉬운 면이 있는 듯합니다.

 **쇼핑몰** **생활**

쇼핑몰이 나타내는 것은 생활감입니다. 당신은 제대로 정리된 생활을 마음의
안식처로 삼고 있습니다. 좋은 습관, 규칙적인 행동을 항상 마음에 새기고 있
죠. 하지만, 시간이나 규칙에 얽매이다 보니 조금 지쳤을지도 모르겠네요.

 **학교** **경력**

학교가 나타내는 것은 경력입니다. 예를 들면 학력이나 실적 등 당신은 지금
까지 쌓아온 것들을 마음의 안식처로 삼고 있습니다. 그 결과 과거의 연장선
상에서만 움직이게 된 듯합니다. 때로는 다른 일에도 관심을 가져보세요.

# 

리조트에서 일주일 동안 묵게 되었습니다. 어떤 방을 선택할까요?

**A** 마을을 내려다볼 수 있는 방

**B** 바다가 바로 앞에 있는 방

**C** 정원이 보이는 방

**D** 나무로 둘러싸인 방

# $A$nswer 52  당신의 은거지수

일주일 동안 묵는 방에서 보이는 경치는 마음 속 풍경으로 이어집니다.
마음이 얼마나 늙었는지 알아봅시다.

 **마을을 내려다볼 수 있는 방** 은거지수 90%

마을을 내려다 보는 방을 선택한 당신은 달관한 상태입니다. 무슨 일이 일어나도 "그런 일도 있는 거지"라고 가볍게 흘려 보내죠. 이해가 빠른 것은 성가신 일을 피하는 습관이 들어 있기 때문. 늙기에는 이르지 않나요?

 **바다가 바로 앞에 있는 방** 은거지수 0%

활동적인 당신. 호기심이 왕성하고 활동력도 좋습니다. 하고 싶은 일, 가고 싶은 장소가 계속 떠올라 주변사람을 놀라게 하는 파워로 가득 차있습니다. 가끔은 너무 지나쳐 어린 아이 같은 인상을 줄 수 있으니 주의하세요.

 **정원이 보이는 방** 은거지수 60%

정원은 완성된 공간입니다. 좋고 싫어하는 것이 확실한 당신은 본인의 취향과 맞지 않는 것은 아무리 권유 받아도 절대 갖지 않는 타입입니다. 그 결과 순식간에 늙어버릴 수 있습니다. "길고 짧은 것은 대봐야 안다"는 것을 잊지 마세요.

 **나무로 둘러싸인 방** 은거지수 40%

나무가 나타내는 것은 치유입니다. 당신은 자각하고 있는 것 이상으로 지친 상태인지도 모르겠습니다. 무언가 새로운 일이 하고 싶어도 그것을 할 힘이 부족하죠. 제대로 휴식을 취해야만 은거를 벗어난 생활을 할 수 있을 것 같습니다.

당신은 낮잠을 자고 있습니다. 눈을 뜬 시간은 언제일까요?

A 겨우 15분 후
B 1시간 후
C 저녁
D 새벽

# Answer 53 당신의 혼자 놀기 레벨

낮잠 시간은 누구에게도 방해 받지 않는 시간. 바꿔 말하면 다른 사람을 필요로 하지 않는 수준을 알 수 있습니다.

###  겨우 15분 후 혼자 놀기 레벨 초급

당신은 혼자 지내는 것에 불안감을 느끼기 쉬운 타입입니다. 주변사람의 눈이 신경 쓰이고, 동행하는 사람이 없으면 외로운 사람으로 여겨지지 않을까 안절부절 못하죠. 다른 사람의 생각에 휘둘리기 쉬운 면도 있으므로 주의가 필요합니다.

###  1시간 후 혼자 놀기 레벨 중급

혼자 있는 것에 익숙해지고 있지만 그것을 약간 난감하게 생각하고 있는 당신. 그래서 일부러 다른 사람에게 맞추느라 지쳐 버리는 경우도 많은 듯합니다. 더욱 당당하게 혼자를 즐기면 편하게 만날 수 있는 친구도 찾을 수 있을 것입니다.

###  저녁 혼자 놀기 레벨 달인 급

당신은 혼자 놀기의 달인입니다. 자신이 좋아하는 것과 스타일을 확실히 파악해 자유롭게 즐기는 요령을 알고 있습니다. 한편, 주변사람과도 적당한 거리를 유지하고 있습니다. 혼자 즐기는 시간과 주변사람과 함께 보내는 시간 전환이 부드럽습니다.

###  새벽 혼자 놀기 레벨 상급

혼자 놀기에 너무 익숙해져 다른 사람의 페이스에 맞추는 것이 귀찮아지고 있군요. 가끔은 다른 사람들에게 당신이 먼저 연락해 보는 것은 어떨까요? 시간을 나눠 만나면 부담을 느끼지 않고 즐길 수 있을 것입니다. 늘 혼자서 놀지 않도록 주의하길 바랍니다.

다른 장소로 이어지는 열쇠구멍. 들여다 보니 무엇이 보였을까요?

A 침실
B 부엌
C 아이 방
D 집 중앙 마당
ABC

# Answer 54 당신의 뻔뻔지수

호기심을 만족시켜 주는 것이 엿보기입니다. 무엇이 보였는지에 따라 당신의 뻔뻔스러움을 알 수 있습니다.

 ## 침실 뻔뻔지수 100%

당신은 확고한 신념이 있는 뻔뻔지수 100%의 인간입니다. 침실을 엿보는 것은 부끄러움이 없어지고 있다는 증거입니다. 상대의 비밀을 알아차리는 능력이 뛰어나 예능 리포터에 뒤지지 않는 질문을 퍼부을 수 있습니다. 주변사람이 거북해 하지 않도록 주의하세요.

 ## 부엌 뻔뻔지수 80%

뻔뻔지수가 제법 높은 편. 타인의 부엌 사정에 관심을 가지고, 수입이나 집안일에 대해 갑자기 귀를 기울이죠. 하지만 그것은 자신의 삶에 자신이 없기 때문에 하는 행동인지도 모릅니다. 너는 너, 나는 나, 확실히 구분하길!

 ## 아이 방 뻔뻔지수 60%

다른 사람의 말을 잘 들어주는 당신. 가까운 사람들을 너무 생각한 나머지 자기도 모르는 사이에 쓸데없는 참견을 하게 되기도 합니다. 또 마음을 너무 쓰다 보면, 겉도는 경우도 자주 있죠. 사람들에게 먼저 부탁을 받은 후에 행동을 한다면 좋은 느낌을 줄 수 있을 것입니다.

 ## 집 중앙 마당 뻔뻔지수 40%

집 마당이 보인다고 대답한 당신은 타인의 삶에 그다지 관심이 없는 것 같습니다. 따라서 자기 중심적으로 보일 수도 있죠. 듣고 싶지 않은 고리타분한 가치관을 강요하는 아저씨가 되지 않도록 주의하세요.

주인에게 재앙을 가져오는 보석이 박물관에 전시되어 있습니다.

마지막 주인은 누구였을까요?

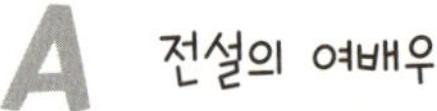

A 전설의 여배우


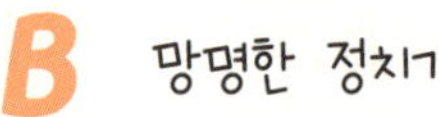

B 망명한 정치가

C 비극의 왕비

D 부도난 재벌

# Answer 55 당신의 스타성

특별한 쥬얼리가 나타내는 것은 스타성입니다. 누가 가지고 있었다고 생각하는지에 따라 당신의 빛을 알아볼 수 있습니다.

### 전설의 여배우 스타성 100%

자기 프로듀스 능력이 뛰어난 당신. 보여지는 스타일 하나로 주변사람의 평가가 바뀐다는 것을 잘 알고 있는 스타라 할 수 있습니다. 하지만, 사랑 받는 자신을 지나치게 연출한 나머지 정말 하고 싶은 일은 놓치기 쉽다는 점에 주의해야 합니다.

### 망명한 정치가 스타성 20%

나서는 것을 두려워하는 타입입니다. 눈에 띄어 주변사람의 표적이 되기보다 그 반대의 편에서 오래 살아남는 길을 선택하기 쉽죠. 하지만, 실력을 나타내지 않고 지내다 보면 그릇은 점점 작아지는 법. 인생이 아주 평범하게 끝날 수도 있습니다.

### 비극의 왕비 스타성 80%

당신은 선택 받은 사람이라는 인식이 강한 사람. 하지만, 안타깝게도 그것을 증명하지 않고 있군요. 가능하다면 행동으로 자신의 존재를 보여주세요, 자존심만 지키다가는 상대하기 까다로운 사람으로 인식하기 싶습니다.

### 부도난 재벌 스타성 60%

부자 = 성공한 인생이라는 생각을 가지고 있군요. 그렇기 때문에 눈에 보이는 형태로 자신을 어필하기 쉬운 타입니다.  명품이나 귀금속을 좋아하는 이유는 그것들이 없으면 당신은 가치가 없다고 생각하기 때문입니다. 겉모습보다는 속을 가꾸는 데 힘쓰세요.

# Question 56

**A**　머리부터

**B**　손부터

**C**　다리부터

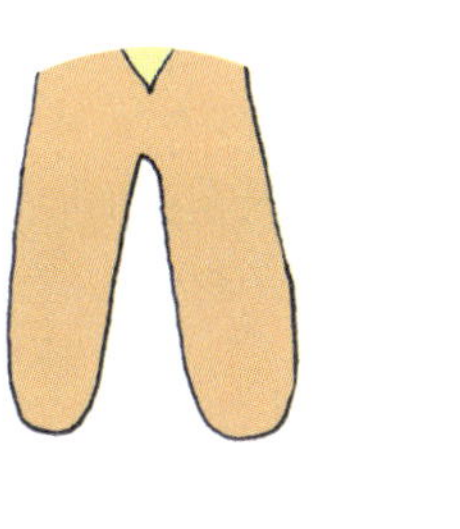

**D**　반으로 갈라 몸부터

# Answer 56 당신의 콤플렉스

진저쿠키는 당신의 분신입니다. 어디부터 먹을지에 따라 콤플렉스가 있는지 알 수 있습니다.

### A 머리부터 능력

머리는 능력을 나타내는 곳입니다. 당신은 더욱 뛰어난 사람으로 태어나고 싶었다고 생각하고 있습니다. 하지만, 실제로도 능력이 충분하며, 설사 부족하더라도 다른 요소로 보충할 수 있습니다. 그러니 자신의 장점을 인정해 봅시다.

### B 손부터 요령

당신은 스스로 요령이 없는 사람이라 느끼고 있습니다. 처신을 잘하지 못해 사람들과 잘 지내지 못한다고 생각하는 등 세세한 것에 대해 고민하며 끙끙 앓고 있죠. 하지만 그것을 보충할만한 강점과 근성을 가지고 있으니 단시간에 결과를 내려고 하지 마세요.

### C 다리부터 파워

다리는 스태미나의 상징입니다. 당신은 파워에 콤플렉스를 느끼고 있는 듯합니다. 갑자기 힘이 들어가지 않거나 엉덩이가 무거워지는 때가 있어 고민하고 있죠. 목표를 더욱 압축하면 힘을 제대로 발휘할 수 있을 것입니다.

### D 반으로 갈라 몸부터 성격

쿠키를 반으로 갈라 버린 당신은 애매한 불안감을 안고 있습니다. 자신의 성격이나 사고방식에 열등감을 느끼는 경우가 많죠. 하지만 자각하고 있는 이상으로 대담한 부분도 있으니 지나친 생각은 금물입니다!

당신의 집이 잡지에 실리게 되었습니다. 그것은 어디일까요?

A 부엌
B 침실
C 벽장 안
D 화장실

# Answer 57  당신의 주변 평판

잡지에 실리는 방은 당신에 타인에게 보여주고 있는 이미지를 나타냅니다. 당신의 평판을 알 수 있습니다.

### 부엌 의지할 수 있는 사람

스스럼없고 편안한 캐릭터인 당신. 오는 사람 막지 않으며 주변사람들에게 휴식 장소를 제공하죠. 기본적으로는 착한 사람이지만, 적당히 이용 당하는 것은 매우 싫어하는 성격입니다. 따라서 친절하지만 화나면 무섭다는 이미지가 있습니다.

### 침실 기준점이 없는 사람

당신은 꽤 개방적인 성격. 하지만 사생활이 공개된 연예인처럼 진심을 감추고 있는 듯한 인상을 주기 쉽습니다. 진심이 뭔지 모르겠다고 느끼는 사람들이 많을지도 모르겠습니다.

### 벽장 안 재미있는 사람

벽장 안을 공개하는 당신은 속과 겉이 같은 사람으로 알 수도 있습니다. 모든 일을 있는 그대로 털어놓고 이야기 쉽고, 물어보면 뭐든지 대답해 준다는 이미지, 주변사람들의 평판은 최상. 사람들은 당신을 재미있는 사람으로 생각하고 있습니다.

### 화장실 특이한 사람

화장실을 선택한 당신은 매우 개성이 강한 사람입니다. 다른 사람과 같은 일을 해도 어딘가 다르게 행동하는 경우가 많죠. 특이한 사람, 엉뚱한 사람이라는 이미지가 있는데 본인도 그것을 즐기고 있는 듯합니다.

# Question 58

요즘 인기 있는 걸그룹 멤버가 알고 보니 당신의 소꿉친구였습니다.

왜 지금까지 몰랐을까요?

**A** 성형수술을 했기 때문에

**B** 예전에는 뚱뚱했기 때문에

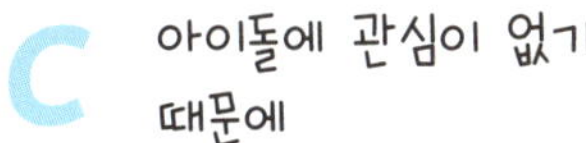
**C** 아이돌에 관심이 없기 때문에

**D** 사실은 남자였기 때문에

# Answer 58  당신의 나쁜 심보

소꿉친구인 줄 몰랐던 것은 다른 사람의 성공을 인정하고 싶지 않은 심리
의 표현. 당신의 심보를 알 수 있습니다.

 ### 성형수술을 했기 때문에 나쁜 심보 70%

당신은 마음 속에 타인의 불행을 즐기는 면을 가지고 있습니다. 성형수술을
선택한 것은 원래 가지고 태어난 외모로는 인기를 얻을 수 없었을 것이라고
결론 지었기 때문입니다. 다른 사람의 약점을 공격하거나 실패를 기뻐하는
나쁜 심보를 가지고 있군요.

 ### 예전에는 뚱뚱했기 때문에 나쁜 심보 50%

뚱뚱보였던 과거를 떠올린 당신은 비교적 심보가 나쁜 타입입니다. 하지만,
소꿉친구의 성공을 인정할 수 있는 솔직함도 가지고 있죠. 자신보다 못났다
고 생각하는 사람에게 실례를 범하기 쉽다는 점에 주의하세요.

 ### 아이돌에 관심이 없기 때문에 나쁜 심보 100%

당신은 꽤 심보가 고약한 사람. 모든 기준의 중심에 본인이 있으며, 그것을 존
중해 주지 않으면 다른 사람을 부정하거나 공격합니다. 친한 사람의 성공에
도 난색을 표하며 트집을 잡아야만 직성이 풀리는 타입입니다.

 ### 사실은 남자였기 때문에 나쁜 심보 0%

천진난만함이 당신의 매력입니다. 기본적으로 사람은 선하다고 생각하고 있
으며, 고생 뒤에는 성공이 따라온다는 것을 잘 알고 있습니다. 그런 만큼 더더
욱 웃을 수 있는 요소를 찾고자 한 것. 나쁜 심보는 0%

# Question 59

아무것도 하기 싫어 하루 쉬기로 했습니다. 무엇을 할까요?

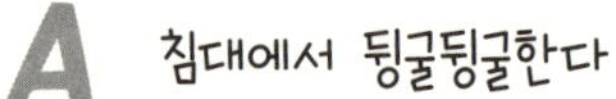

A 침대에서 뒹굴뒹굴한다


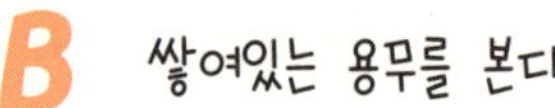

B 쌓여있는 용무를 본다


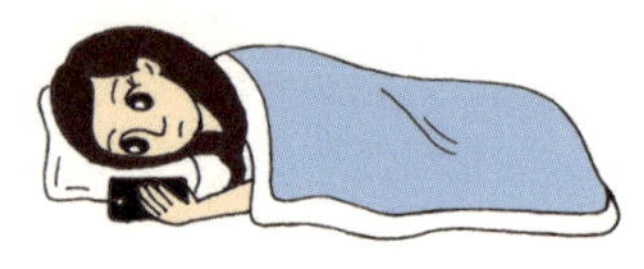

☀한국은행
ATM


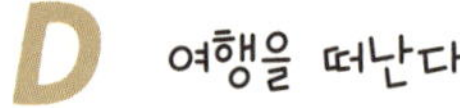

C 보고 싶은 사람을 만나러 간다

D 여행을 떠난다

# A*nswer* 59  인생에서 어떤 가능성

게으른 날을 보내고 싶다고 생각하는 것에는 당신의 안에 잠재되어 있는 재능이 나타납니다. 인생의 가능성을 찾아봅시다.

 ### 침대에서 뒹굴뒹굴한다 **창조력**

당신의 안에는 창조력이 숨겨져 있습니다. 음악, 소설, 미술 등 작품을 만들고 기획해 보는 등 마음 속에 있는 것을 실체로 만들어 봅시다. 재능과 센스를 인정 받아 생각지 못한 인생이 열릴지도!

 ### 쌓여있는 용무를 본다 **계획력**

당신은 자신의 계획력을 100% 활용하지 않고 있습니다. 어떤 사람이 되고 싶은지 구체적으로 이상향을 그린 후 꿈과 목표를 실현시키기 위한 계획을 세워 보세요. 놀랍게도 완벽하게 실현되는 것을 확인할 수 있을 것입니다. 이상적인 미래를 만드는 힘을 숨기고 있는 사람입니다.

 ### 보고 싶은 사람을 만나러 간다 **사교력**

보고 싶은 사람을 만남으로써 당신의 운은 열립니다. 하지만, 항상 만나던 사람만 만나서는 행운이 따라오지 않습니다. 새로운 만남을 통해 인맥을 넓히도록 합시다. SNS를 이용하는 것도 좋습니다.

 ### 여행을 떠난다 **개척력**

여행을 떠올린 것은 현재의 영역에서 떨어진 장소에 행운이 기다리고 있다는 암시입니다. 이사, 유학 등을 통해 새로운 가능성이 열릴 수 있습니다. 집 외에 자주 가는 장소를 만들어 보는 것도 흐름을 바꾸는 효과가 있습니다.

직장 상사가 갑작스런 병으로 입원하게 되었습니다.
언제 복귀할 수 있을까요?

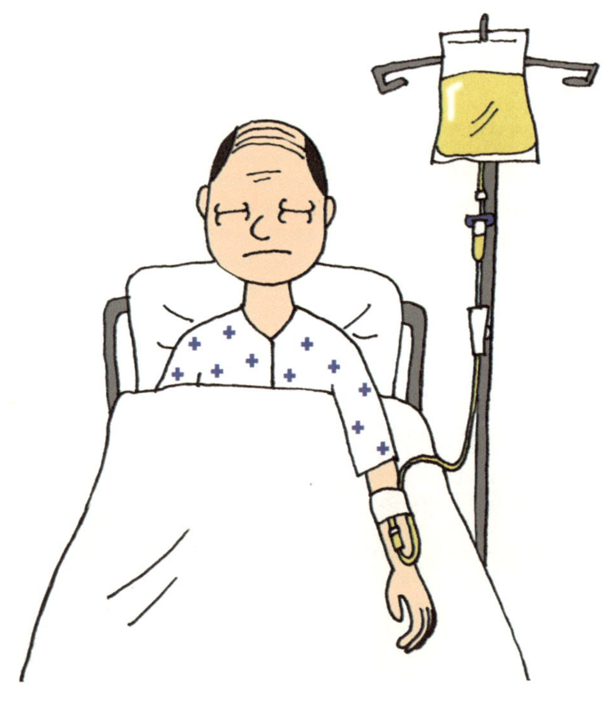

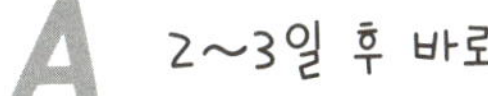

**A**  2~3일 후 바로

**B**  일주일 후

**C**  한달 후

**D**  반년 이상 후

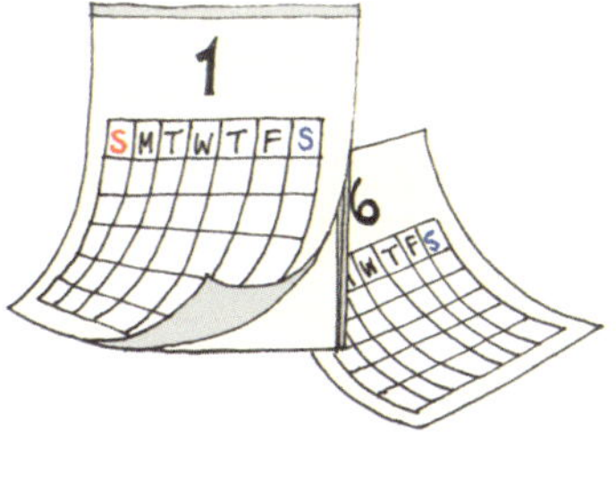

# Answer 60 당신의 워커홀릭 지수

 **A 2~3일 후 바로 워커홀릭 지수 70%**

당신에게 일은 의무입니다. 눈 깜짝할 사이에 상사가 복귀한다고 생각한 것은 평상시 일에 구멍이 생겨서는 안 된다고 생각하고 있기 때문입니다. 사생활과 건강을 희생해서라도 열심히 일해야 한다고 생각하는 타입입니다.

 **B 일주일 후 워커홀릭 지수 50%**

일주일의 부재를 생각한 것은 당신이 자신을 톱니바퀴 중 하나와 같다고 느끼고 있다는 뜻입니다. 필요하다면 언제든 갈아치울 수 있고, 없어도 문제가 일어나지 않는다고 생각하고 있죠. 일에 대한 열의도 낮은 편입니다.

 **C 한달 후 워커홀릭 지수 90%**

일에 대해 강한 프라이드와 보람을 느끼고 있는 당신. 무려 한 달 동안 상사가 없는 것은 오히려 실력을 증명할 수 있는 좋은 기회라고 믿고 있습니다. 나아가 상사가 없어야 일을 더 잘할 수 있다는 생각도 가지고 있는 듯합니다.

 **D 반년 이상 후 워커홀릭 지수 30%**

일을 하지 않아도 된다면 하고 싶지 않은 것이 당신의 본심. 반년 이상의 휴식을 연상한 것은 자신도 무언가 이유를 만들어 쉬고 싶다는 생각이 있기 때문입니다. 일을 하는 중에도 불금, 주말에 대해서만 생각하고 있지는 않나요?

# Question **61**

**A** 애피타이저

**B** 메인요리

**C** 빵 또는 밥

**D** 디저트

# **A**nswer **61** 당신의 인생의 터닝포인트

전통적인 식사의 순서는 순조롭게 진행되는 인생과 같습니다. 맛있다고
생각한 음식을 통해 인생의 터닝포인트를 알아봅시다.

 **애피타이저 무언가를 특별하게 생각했을 때**

첫인상이 인생의 목표가 되는 당신. 어린 시절의 꿈, 예전부터 동경했던 세상
을 쫓게 될 것 같습니다. 원하든 일이 해결의 실마리가 보이면 위험 부담이 있
어도 계속 나아갑니다. 포기하면 빈 껍데기만 남을 뿐이라는 것을 잘 알기 때
문입니다.

 **메인 요리 실력을 증명했을 때**

풀 코스의 클라이맥스인 메인요리. 당신에 대한 평가가 정점에 달했을 때 새
로운 도전을 시작하면 좋을 것 같습니다. 다른 회사로의 스카우트, 독립, 전근
등 적극적으로 노리다 보면 분명 성공을 거둘 수 있습니다.

 **빵 또는 밥 가까운 사람이 추천했을 때**

주식인 빵 또는 밥은 당신에게 다가온 친절함을 나타냅니다. 즉 주변사람의
추천이나 입 소문이 새로운 인생을 열 수 있는 계기가 될 듯합니다. 오랜 친
구, 은사님 등 예전 인간관계를 통해 미래로 이어지는 제안을 사람도 많을 것
입니다.

 **디저트 흘러가는 대로 따라갔을 때**

디저트가 마음에 남은 당신은 흐름에 몸을 맡기는 것이 제일 좋을 것 같습니
다. 주변동료의 생각으로 손해를 보는 경우도 있지만, 굳이 거스르지 않고 있
다 보면 그것을 매울 만한 찬스가 올 수도 있을 것 같네요. 힘을 빼고 있으면
자연스럽게 좋은 기회를 잡을 수가 있습니다.

# 

화가의 아틀리에에 그리다 만 캔버스가 4장 있습니다.

2번째로 완성된 그림은 무엇일까요?

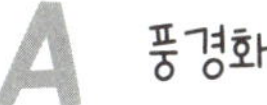 **A** 풍경화

 **B** 인물화

 **C** 정물화

**D** 추상화

# A nswer 62  당신의 천직

동시에 진행되고 있는 그림은 당신의 가능성을, 그리고 2번째로 완성된 그림은 당신의 천직을 암시합니다.

 **풍경화 해외 근무**

넓은 시야를 가진 사람입니다. 실내에서 할 수 있는 작업보다 밖에 나가 일하는 쪽이 성격에 맞습니다. 또 국제적인 무대에서 평가 받는 것도 좋은 생각. '이제 와서'라고 생각하지 말고 유학이나 해외진출 등을 진지하게 검토해 보세요.

 **인물화 사람을 위한 일**

사람을 위해 살아가는 길에 천직이 기다리고 있습니다. 사회복지사, 의료와 관련된 일, 각종 상담가 등 전문적인 지식과 경험을 살릴 수 있는 직업 중에서 자신이 할 수 있는 일은 없는지 찾아보세요. 가업을 잇는 것도 추천합니다.

 **정물화 물건을 다루는 일**

물건을 다루는 일에 인연이 있습니다. 판매, 운반, 생산 등 물류 라인에 당신의 능력을 활용할 수 있는 직장이 기다리고 있습니다. 연구, 기획 등 책상에 앉아서 하는 직업도 적성에 맞으며 샐러리맨, 오피스레이디도 나쁘지 않습니다.

 **추상화 표현하는 일**

감성이 풍부한 당신. 창조나 표현의 세계에 몸담고 싶었던 적이 있을지도 모르겠군요. 취미로라도 상관 없으니 좋아하는 일을 계속하길. 동경하는 세계의 문이 열릴 날이 올 수도 있습니다. 각종 콘테스트 참가하는 것도 좋을 것 같습니다.

볼펜이 보이지 않습니다. 어디에 있을까요?

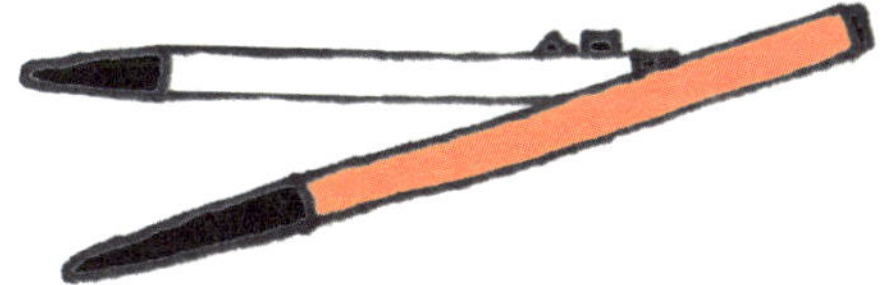

**A** 서류 아래

**B** 바닥

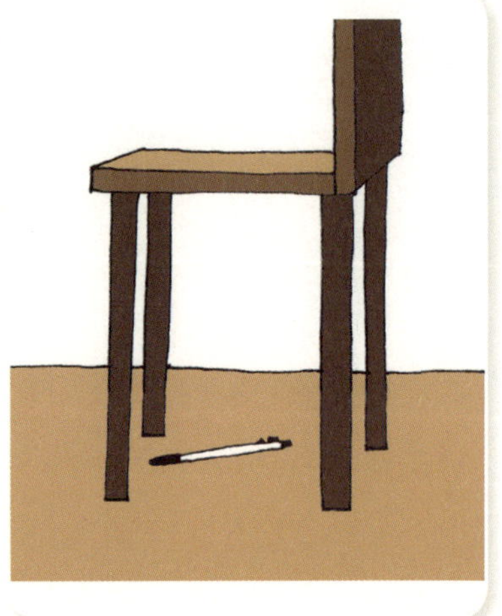

**C** 서랍 속

**D** 동료가 사용 중

# **A**nswer **63** 당신의 유능지수

사용하는 볼펜은 당신이 가지고 있는 잠재력을 나타냅니다. 어디에 있는 지에 따라 유능지수를 알 수 있습니다.

 **서류 아래** 유능지수 50%

서류 밑에 가려진 볼펜은 동시에 진행하고 있는 작업이 많다는 뜻입니다. 당신은 항상 바쁜 편이지만 실수도 많습니다. 준비와 시간배분에 주의를 기울임으로써 더욱 유능해질 수 있습니다.

 **바닥** 유능지수 90%

틀림없이 유능한 당신. 바닥에 떨어진 볼펜은 액티브하게 일하고 있는 상황을 뜻합니다. 하지만, 기세가 지나쳐 책상에서 떨어진 것처럼 업무가 과다한 느낌이 드는군요. 제대로 쉬는 것도 일의 일부분이라는 것을 잊지 마세요.

 **서랍 속** 유능지수 30%

서랍 속에 있는 볼펜은 아직 당신의 능력이 발휘되지 않았음을 의미합니다. 나중에 해야지, 상황을 지켜보자며 힘을 쓰지 않는 경우가 많지 않나요! 동료나 상사에게 쓸모 없다는 이미지가 형성되기 전에 진심을 다해야 합니다!

 **동료가 사용하고 있다** 유능지수 70%

동료에게 건네진 볼펜은 주변사람들에게 실력을 이용 당하고 있음을 의미합니다. 유능함을 충분히 인정 받고 있지만, 오히려 쉽게 이용 당하는 경우가 많은 타입입니다. 공적을 빼앗기지 않도록 주의하세요.

동료와 서서 이야기를 하고 있습니다. 그 장소는 어디일까요?

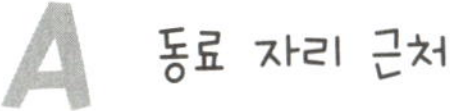

**A** 동료 자리 근처

**B** 당신 자리 근처

**C** 복도

**D** 화장실

# **A**nswer 64 당신의 직장에서의 평가

어디에나 있는 동료와 서서 이야기하는 것에는 당신에 대한 평가가 숨겨져 있습니다. 어디에서 이야기하고 있는지가 열쇠입니다.

 ### 동료 자리 근처 **편한 사람**

동료가 자기 자리 근처를 지나가던 당신은 불러 세웠다고 생각한 것은 당신이 상대방에게 매우 편한 존재라는 것을 의미합니다. 부탁하기 쉽고 무리한 말도 할 수 있는 존재로 여겨지고 있는 것이죠. 귀찮은 일을 떠맡지 않도록 조심하세요.

 ### 당신 자리 근처 **우수한 사람**

당신 자리 근처에서 이야기하고 있다고 생각한 것은 상대방이 당신을 존중하고 있다는 의미입니다. 우수하고 의지할 만한 사람이라고 생각하기 때문에 일부러 다가왔을 테니까요. 앞으로도 그 신뢰에 응답할 수 있도록 해보세요.

 ### 복도 **바쁜 사람**

복도에서 서서 이야기하는 상황은 바쁨의 상징입니다. 당신은 매우 바쁜 이미지를 주고 있습니다. 동시에 자신의 일만으로도 힘에 부쳐 의지할 수 없는 사람이라고 여겨질 가능성도 있습니다. 조금 더 주위에 관심을 기울이도록 합시다.

 ### 화장실 **싹싹한 사람**

화장실에서 서서 이야기하는 것은 친숙함의 표현입니다. 당신은 동료에게 개인적인 이야기를 숨김없이 털어놓으며 친구처럼 지내죠. 그만큼 일에 대한 긴장감이나 신뢰감은 주기 어렵기 때문에 쉽게 보일 수 있으니 공사 구분은 명확히 하는 것이 좋을 것 같습니다.

# Question 65

A 스카이다이빙
B 승마
C 사격
D 요트

# $A$nswer 65　당신의 출세지수

부유층에게 사랑 받아온 스포츠에는 성공한 사람에 대한 조건이 숨겨져 있습니다. 당신의 출세지수를 알아봅시다.

 **스카이다이빙 출세지수 50%**

당신의 본질은 갬블러일지도? 큰 승부에 나서는 것을 좋아해 수중에 있는 재산을 모두 걸어버릴 수도……. 야심이 있는 것은 좋지만, 운용방법이 잘못되면 비참한 결과를 맞을 수 있으니 주의하세요!

 **승마 출세지수 30%**

살아있는 동물을 상대로 하는 스포츠를 선택한 당신은 수수하고 견실한 접근을 사랑하는 타입입니다. 생활할 수 있는 돈만 확보하면 그 이상의 수입을 바라지 않습니다. 리스크가 높을수록 수익이 올라간다는 투자 이야기도 멀리하는 경향이 있습니다.

 **사격 출세지수 70%**

크게 모으고, 크게 쓰는…… 그런 인생을 동경하고 있는 당신. 대담한 전략이 성공하는 경우도 많아 크게 벌 가능성도 높은 편입니다. 그러나 입만 살아 진정한 친구인척 하는 사기꾼에게 속지 않도록 주의하세요.

 **요트 출세지수 90%**

크고 넓은 바다를 자유롭게 다니는 요트를 떠올린 당신은 처세가 능한 사람이라 할 수 있습니다. 출세하고자 마음을 먹으면 최단 코스를 선택해 힘씁니다. 어떤 곤란이 있어도 포기하지 않고 끝까지 해내는 타입입니다.

발 밑에 구멍이 있습니다. 당신이 그 안에 들어간다면
몸을 어느 정도까지 숨길 수 있을까요?

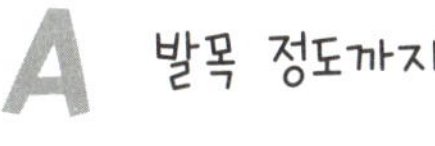 발목 정도까지

 무릎 정도까지

 하반신이 쑥

D 머리까지 모두

# $\mathbf{A}$nswer 66 당신의 인생의 총수입

발 밑의 구멍은 노력의 크기를 반영합니다. 연상한 깊이를 통해 평생 모을 수 있는 총수입을 알 수 있습니다.

### 발목 정도까지 **평균 수준**

근로의욕이 너무 낮은 듯합니다. 노력해 봤자 피곤하기만 하고…… 그런 식으로 자신에게 브레이크를 걸고 있지 않나요? 그래서는 돈을 벌 수 있는 기회도 놓치고 맙니다. 누군가 떠먹여주길 바라는 마음은 그만 버리길.

### 무릎 정도까지 **평균 이하**

당신은 헌신적인 일꾼입니다. 하지만, 잡일이나 친구를 돕는 일 등 돈이 되지 않는 일에 휘둘리기 쉬워 노력에 비해 수입이 적은 편입니다. 진심을 다해 돈을 모을 마음이 생긴다면 지금의 몇 배나 부유해질 수 있습니다.

### 하반신이 쑥 **평균 이상**

유능한 당신은 수입도 꾸준히 늘어날 것입니다. 하지만, 피로 누적으로 당장 때려치우고 싶은 마음뿐 입니다.  조금 더 참느냐 마느냐에 따라 수입은 변합니다. 만약 직장을 다닌다면 편하게 결재만하고 월급을 받을 수 있는 위치까지 붙어있길!

### 머리까지 모두 **파격적인 고수입**

당신의 상상하는 그 이상으로 돈과 인연이 있습니다. 계획 중 인 일이 크게 히트를 치거나, 거액의 유산을 받거나……. 그러나 그 탓에 가족간의 분쟁에 휘말릴 수도 있습니다. 공평한 배분을 원칙 삼아 극복하길 바랍니다.

# Question **67**

스케줄을 4색 볼펜으로 나눠 씁시다.

일과 공부는 무슨 색으로 쓸까요?

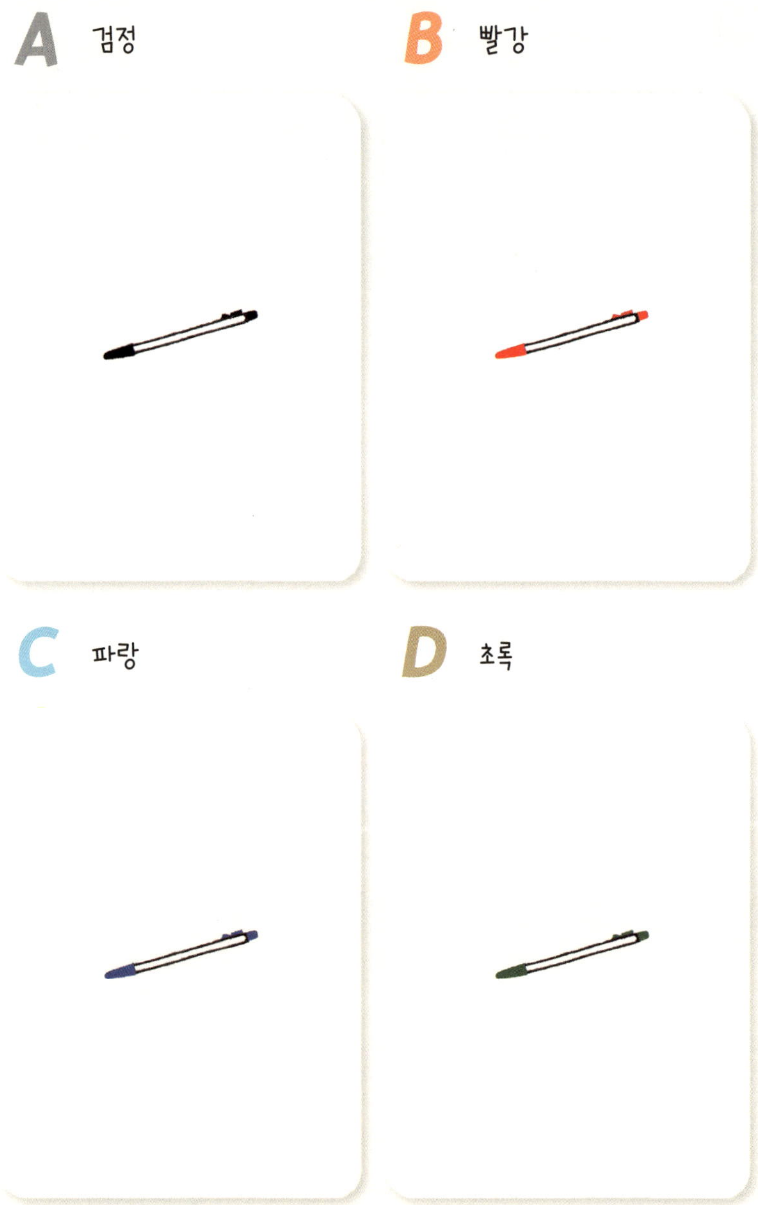

A 검정
B 빨강
C 파랑
D 초록

# Answer 67 당신의 일과 중 낭비되는 시간의 비율

본업에 해당하는 부분을 무슨 색으로 할지에 따라 인생에 대한 자세를 알 수 있습니다. 자연스럽게 낭비되는 시간도 알 수 있게 됩니다.

### A 검정 낭비되는 시간의 비율 90%

시간을 제대로 쓰고 싶은데 왠지 모르게 항상 헛되이 보내고 마는 당신. 해야 할 일이 무엇인지 알고 있지만 좀처럼 시작하지 못하는 듯하군요. 시간을 정해 행동하면 개선할 수 있을 것입니다.

### B 빨강 낭비되는 시간의 비율 60%

빨간 볼펜을 선택한 사람은 막판에 몰아치는 타입. 마감날짜, 목표를 정한 후 집중해 단번에 결과는 내는 타입입니다. 언뜻 낭비되는 시간이 없는 것처럼 보이지만, 일을 끝낸 후에 너무 태평하게 지내는 경향이 있습니다. 철저한 자기관리가 필요 합니다.

### C 파랑 낭비되는 시간의 비율 30%

계획성 있는 인생을 보내고 있는 당신. 일을 일단락 후 휴식을 취하는 방식으로 살고 있죠. 하지만 피곤해지기 시작하면 작업 중에 멍 때리는 경우도 있으니 컨디션이 나쁠 때는 빨리 쉬는 것이 낭비되는 시간을 줄일 수 있는 길입니다.

### D 초록 낭비되는 시간의 비율 50%

당신은 여유시간의 소중함을 잘 알고 있는 사람입니다. 융통성이 없으면 아이디어가 나오지 않는다고 생각하고 있죠. 따라서 의식적으로 태평하게 지내는 타입입니다. 어디까지가 낭비되는 시간인지 파악하기 어렵습니다.

# Question 68

오늘은 나쁜 일이 계속 일어나는 날입니다. 갑자기 비가 내리고, 약속이 취소되고, 먹고 싶었던 점심 메뉴는 동이 났습니다. 또 무슨 일이 일어날까요?

**A** 컴퓨터가 멈춘다

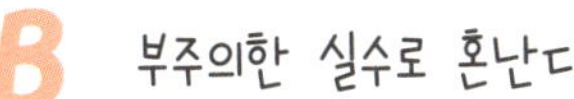

**B** 부주의한 실수로 혼난다

**C** 잠시 들른 곳에 물건을
두고 온다

**D** 허둥대다 새끼발가락을
찧는다

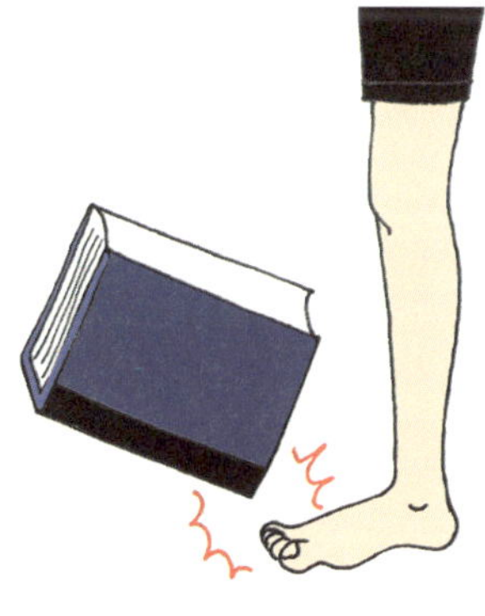

# Answer 68 당신의 머피의 법칙 지수

운이 없는 날은 누구에게나 있는 법입니다. 선택한 트러블을 통해 당신의 불행연쇄지수 즉 머피의 법칙을 알아봅시다.

 ### 컴퓨터가 멈춘다 머피의 법칙 지수 30%

컴퓨터가 멈추는 것은 자주 있는 트러블입니다. 사용하는 사람에게 문제가 있는 것이 아니라 자주 일어나는 현상으로 여겨도 좋을 것 같네요. 당신의 불운은 나쁜 타이밍이 원인입니다. 한숨 돌리고 나면 연속적인 불행은 멈출 것입니다.

 ### 부주의한 실수로 혼난다 머피의 법칙 지수 90%

당신은 틀림없이 불행의 구렁텅이에 빠지는 타입니다. 기분 나쁜 일이 계속되면 점점 기분이 가라앉아 평소 실력을 발휘하지 못하게 되죠. 그래서 결국 더 침울해지는 상황으로 빠져들기 쉽죠. 빠른 기분 전환이 필요합니다.

 ### 잠시 들른 곳에 물건을 두고 온다 머피의 법칙 지수 70%

물건을 두고 오는 것은 주의력이 부족하다는 증거. 특히 운이 없는 날에 깜박하는 것은 부주의한 성격을 나타냅니다. 컨디션이 좋지 않을 때는 정신을 바짝 차리길. 그것만으로도 트러블을 방지할 수 있습니다.

 ### 허둥대다 새끼발가락을 찧는다 머피의 법칙 지수 50%

당신은 비관주의자입니다. 기분 나쁜 일이 이어지면, 더 이상 나쁜 일은 일어나지 않을 것이라고 생각하기까지 안심할 수 없습니다. 기도를 하거나 절에 가서 불공을 드린다 든지, 간단한 액땜을 해보세요. 납득만 되면 연속적인 불행은 멈출 것입니다.

모르는 사람이 당신을 자신이 아는 사람으로 착각했나 봅니다.

누구라고 생각한 것일까요?

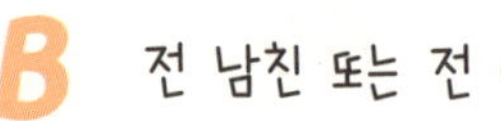

**A** 가족

**B** 전 남친 또는 전 여친

**C** 친구

**D** 이웃

# Answer 69 당신의 인생의 천적

당신을 아는 사람으로 착각한 상대는 당신의 이익과 배팅하는 존재입니다. 선택한 답을 통해 인생의 천적을 알 수 있습니다.

 ## 가족 면 친척

피를 나눈 가족이 당신의 발목을 잡고 있는 듯하군요. 과도한 기대, 가정 내의 역할 분담, 낡은 가치관의 강요로, 본래 자신의 모습을 잃어가고 있는 것 같습니다. 갑갑하다면 냉정하게 집에서 벗어나는 것이 제일입니다!

 ## 전 남친 또는 전 여친 가장 사랑하는 사람

당신의 인생은 사랑에 의해 좌지우지됩니다. 본업에 전념해야 할 때도 파트너와의 관계를 중시하는 경향이 있습니다. 또 상대의 의향에 맞춰 꿈을 포기하는 사람도 있죠. 우선순위를 바꿔야 합니다.

 ## 친구 또는 직장동료

친한 친구가 당신 인생에 제동을 걸 가능성이 있습니다. 같은 남자 또는 여자, 하나밖에 없는 포지션을 두고 겨루게 되는 일이 생길지도? 기호나 목표가 비슷하다면 적당한 거리를 둘 필요가 있습니다.

 ## 이웃 세상 사람들

당신의 적은 무책임한 군중. 다른 사람들과 다른 행동을 하기 시작하면 참견하기 시작하죠. 하나하나 상대해서는 견디기 힘듭니다. 상식적인 선에서만 대응하고, 간섭은 패스하길. 최악의 경우 환경을 바꿔 봅시다.

차 안에 있는데 구급차 사이렌 소리가 들렸습니다.
구급차는 어디에서 달리고 있을까요?

A 당신 앞
B 당신 뒤
C 반대 차선
D 바로 옆

# $A$nswer 70  당신의 위기극복 지수

구급차는 피할 수 없는 트러블을 나타냅니다. 어떤 위치 관계인지에 따라
위기시 행동력을 알 수 있습니다.

 **당신 앞 위기극복지수 50%**

당신이 떠올린 상황은 구급차의 영향을 받기 어려운 위치관계입니다. 위기에
빠졌을 때에도 마찬가지로 남의 일처럼 느낄 것. 그 결과 대처가 늦어 피해를
입는 일도 있죠. 문제 해결을 남에게 맡기지 말아야 살수가 있습니다.

 **당신 뒤 위기극복지수 30%**

무언가 생각지 못한 일이 일어나면 당신은 얼어 버립니다. 상황이 분명해질
때까지 그대로 멈춰있다가 안전을 확인한 후 겨우겨우 움직이기 시작하죠.
피해는 잘 입지 않지만, 스스로 해결하는 것은 서투른 듯합니다.

 **반대차선 위기극복지수 70%**

반대차선에 구급차가 있다고 생각한 당신은 과감한 도전자입니다. 위기가 닥
쳐도 계속 타개책을 찾아 기회로 바꾸죠. 하지만 무리한 짓을 하다 새로운 위
기를 초래하기 쉬운 부분이 있으므로 주의가 필요합니다.

 **바로 옆 위기극복지수 90%**

구급차가 바로 옆에 있다고 느낀 당신은 냉정한 관찰력의 소유자입니다. 순
식간에 상황을 파악해 정확한 판단을 내릴 수 있죠. 따라서 어떤 위기가 찾아
와도 능숙하게 조정해 훌륭하게 벗어날 수 있습니다.

"절대 열지 마시오"라고 적힌 상자가 있습니다.
안에는 무엇이 들어 있을까요?

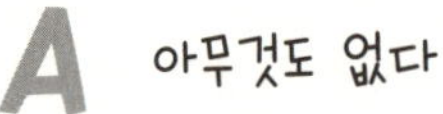

**A** 아무것도 없다

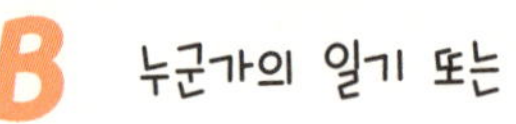

**B** 누군가의 일기 또는 편지

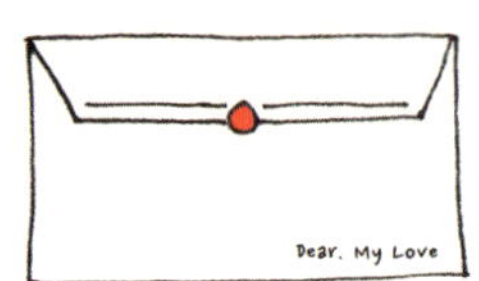

**C** 보석 또는 귀금속

**D** 독약

# **A**nswer **71**  당신의 역전파워

봉인된 상자의 안은 당신의 실력을 상징합니다. 완전히 밑바닥까지 떨어졌을 때 역전할 수 있는 파워의 크기를 알 수 있습니다.

### 아무것도 없다 역전파워 90%

상자 안이 비었다고 생각한 당신은 아주 강인한 사람. 어떤 문제라도 자신의 힘으로 해결하려 하고, 절대 나약한 소리를 하지 않는 타입입니다. 곤란이 있으면 있을수록 더욱 끈질기게 대처해 나가죠. 저력은 불사신 영웅 수준.

### 누군가의 일기 또는 편지 역전파워 60%

당신의 원동력은 사람들과의 연계에 있습니다. 누군가의 기대에 부응하고 싶다, 신용을 얻고 싶다고 생각하면 스스로도 놀랄 정도로 힘이 나죠. 하지만 관계가 무너지면 의욕도 떨어지고 맙니다. 저력은 컨디션에 따라 달라지는 듯.

### 보석 또는 귀금속 역전파워 0%

상자 안에 재산이 숨겨져 있다고 생각한 당신은 남의 덕을 보는 인생을 살고 있습니다. 곤란한 일이 생기면 누군가에게 도움을 요청하고 어떻게든 해결해 주길 바라는 타입. 역전파워는 제로에 가깝습니다. 시간의 흐름에 맡기는 인생이군요.

### 독약 역전파워 30%

찰나적인 생각에 사로잡히기 쉬운 당신. 노력해도 안되면 포기하자는 식으로 자신의 목표를 결정하는 경향이 강한 편입니다. 순간적으로는 혼신의 힘을 다해 노력하지만, 결과가 나오지 않으면 어느새 의욕이 사라져 버리는 타입니다.

친구의 소개로 물건을 구매할 경우 얼마까지 할인이 가능할까요?

정가의 절반

정가의 20% 할인

정가이지만 그레이드 UP

당연히 무료

# Answer 72  당신의 인맥활용도

선택한 답으로 친한 친구로부터 어떻게 생각되고 있는지를 알 수 있습니다. 당신은 인맥을 활용하고 있을까요?

 ### 정가의 절반 인맥활용도 50%

친구라는 것만으로 절반까지 할인 받을 수 있다고 생각한 당신은 주변사람들로부터도 마찬가지의 평가를 받고 있을 것입니다. 즉 본래 가치의 절반만 인정 받고 있는 것이죠. 서로 이용밖에 하지 않는 사람들과만 이어져 있을 가능성이 있습니다.

 ### 정가의 20% 할인 인맥활용도 70%

정가의 20% 정도는 서비스 받아도 된다고 생각하는 당신. 융통성 있게 행동함으로써 서로 이득을 얻으려 하고 있습니다. 하지만 무슨 일이든 상대방의 속마음을 떠보게 되기 때문에 가격이 내려가는 만큼 시간이 소요가 되겠죠.

 ### 정가이지만 그레이드 UP 인맥활용도 90%

당신은 인맥을 100% 활용할 수 있는 사람입니다. 상대의 전문 분야에 경의를 표하며 그것을 금액으로 보여주려 합니다. 성의 있는 태도는 '이 사람을 위해서라면 무언가 해주고 싶다'는 기분이 들게 하죠. 인맥 활용도는 90% 이상!

 ### 당연히 무료 인맥활용도 30%

친구라면 당연히 공짜여야 한다고 생각하고 있는 당신. 당연히 반대 입장이 되면 당신도 무료로 주겠나요? 언뜻 대접받는 것 같이 보이지만, 무리가 생기기 쉽기 때문에 한번의 거래로 인맥이 끊어 질 수도 있습니다.

# Question 73

회원제인 와인 숍에 가게 되었습니다. 어떤 장소에 있을까요?

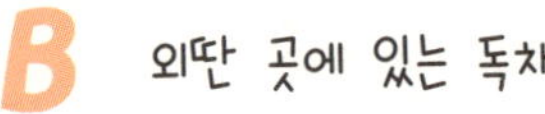

**A** 고층빌딩의 꼭대기 층

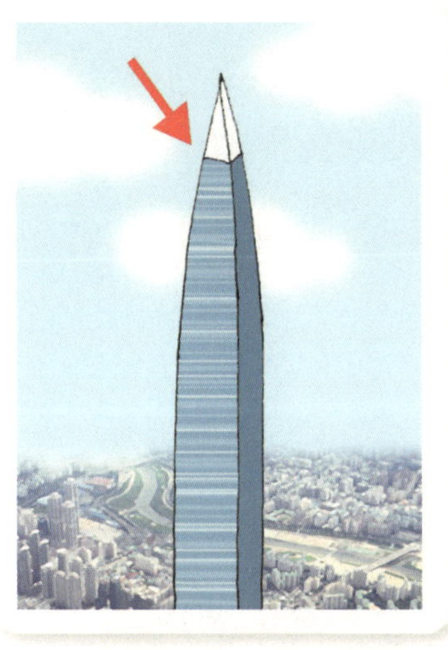

**B** 외딴 곳에 있는 독채

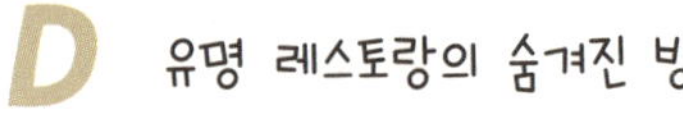

**C** 주상복합빌딩의 지하

**D** 유명 레스토랑의 숨겨진 방

# Answer 73   당신의 성공패턴

조건이 충족되지 않으면 들어갈 수 없는 것이 회원제 와인 숍. 선택한 장소를 통해 성공패턴을 알 수 있습니다.

### 고층빌딩의 꼭대기 층 **발탁형**

당신은 집단 속에서 성공의 열쇠를 쥐는 타입입니다. 상사나 선배의 눈에 띄어 무언가 큰 기회를 얻고, 기대 이상의 성과를 내 성공가도를 달리게 되죠. 큰 조직에 몸 담도록 합시다.

### 외딴 곳에 있는 독채 **인맥형**

당신은 사람들과의 교류 속에서 성공을 손에 넣게 됩니다. 외딴 곳에 있는 상점은 입 소문이 생명인 것처럼 평판이 평판을 불러일으켜 점점 신용이 높아지게 되죠. 소개나 조언을 받아들임으로써 비약할 수 있습니다.

### 주상복합빌딩의 지하 **개성형**

주상복합빌딩은 무엇이든 있을 수 있는 공간입니다. 그 중에서 특별한 존재감을 보이는 것은 강한 개성이 있어야 가능합니다. 당신은 타고난 재능과 캐릭터를 앞세워 성공할 수 있는 타입입니다. 자신을 적극적으로 내세워 봅시다.

### 유명 레스토랑의 숨겨진 방 **물물교환 형**

유명한 레스토랑 안에 특별한 공간이 숨겨져 있다고 생각한 당신은 물물교환을 통해 성공하는 타입입니다. 성공한 사람에게 편승해 사소한 일을 하는 동안 점점 주문이 늘어 어느새 인기를 얻게 될 것입니다.

# 

정통가옥을 리모델링 후 매우 인기 있는 명소로 변했습니다.

무엇으로 바뀌었을까요?

A 카페
B 편집 숍
C 에스테틱 숍
D 쁘띠 호텔

# Answer 74 당신의 성공 후 모습

개축으로 새롭게 태어난 공간은 성공 후 당신의 모습을 암시합니다. 어떻게 변할지 알아봅시다.

###  카페 조기 은퇴

카페가 나타내는 것은 휴식입니다. 당신은 어느 정도 성공을 거두면 그 후에는 더 이상 힘쓰지 말고 편안하게 지내고 싶다고 생각하고 있습니다. 무리하지 않고 취미나 사교를 즐기며 살아가는 스타일로 바뀔 것입니다.

###  편집 숍 전문노선

편집숍을 선택한 사람은 성공 후에도 자신의 안목을 계속 갈고 닦는 타입입니다. 연구나 리서치를 계속해 그 길에서 알 만한 사람은 다 아는 사람이 될 때까지 노력하죠. 남은 인생은 전문 분야에서 최고가 되기 위해 살아가게 됩니다.

###  에스테틱 숍 봉사활동

에스테틱이 나타내는 것은 봉사심입니다. 당신은 세상을 더욱 좋게 만들고 싶다고 생각하고 있습니다. 따라서 성공을 거둔 후에는 남을 돕는 입장이 되어 봉사활동, 기부 등 사회에 도움이 되는 활동을 할 것입니다.

###  쁘띠 호텔 다각경영

호텔이 의미하는 것은 복합적인 서비스입니다. 하지만 몸이 쉴 수 있는 공간만 제공하면 되는 것이 아니라 식사, 사우나 등 다양한 요소를 생각해야 하죠. 당신은 성공하면 여러 분야에 손을 뻗을 것입니다.

언뜻 완벽해 보이는 여자. 하지만 옷에 문제가 있는데······.

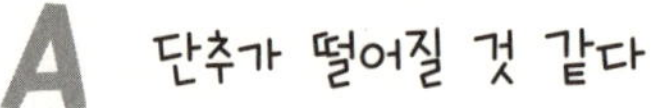

**A** 단추가 떨어질 것 같다

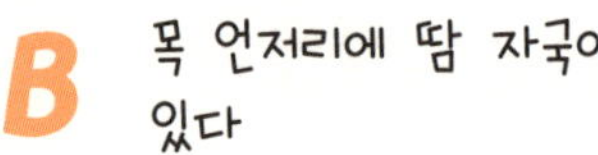

**B** 목 언저리에 땀 자국이 있다

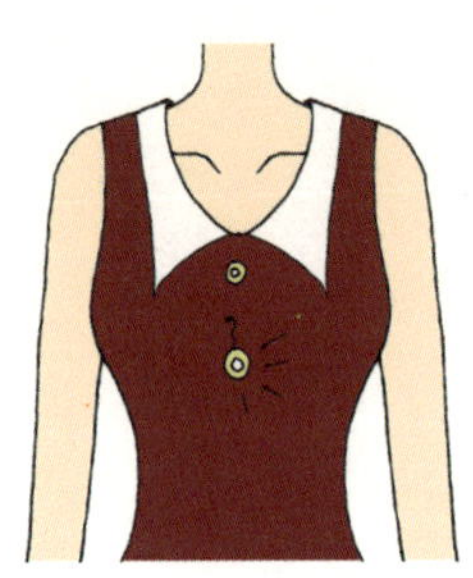

**C** 지퍼 고장

**D** 스타킹에 구멍이 났다

# Answer 75 당신의 자신 없는 부분

문제가 있는 복장은 남에게 보여주기 싫은 부분입니다. 즉 당신의 자신 없는 부분을 나타냅니다.

 ### 단추가 떨어질 것 같다 둔감한 센스

당신은 스스로 감이 없는 사람이라고 생각하고 있습니다. 다른 사람의 기분을 살피거나 분위기를 읽는 것이 서투르죠. 하지만, 둔감함이 사람을 구제할 수도 있는 법입니다. 하나하나 신경 쓰지 말고 자연스럽게 지내 봅시다.

 ### 목 언저리에 땀 자국이 있다 좋지 않은 스타일

무엇을 해도 스마트하지 않은 느낌이 드는 당신. 센스가 없는 것이 신경 쓰이는 듯합니다. 스스로 능숙하게 하지 못하겠으면 프로의 손길을 빌리는 것이 제일입니다. 옷이나 헤어스타일 등 전문가의 도움을 받아 보세요!

 ### 지퍼가 고장 나약한 성격

고장 난 지퍼는 중요한 상황에 당당하게 결정하지 못하는 나약한 성격을 나타냅니다. 하고 싶은 말을 제대로 하지 못하고 굴복 당하는 느낌이 든다면 대변인을 세워 보세요. 찾아보면 대신 말해줄 사람을 찾을 수 있을 것입니다.

 ### 스타킹에 구멍이 났다 칠칠치 못한 성격

구멍 난 스타킹이나 양말은 칠칠치 못함을 나타냅니다. 사람들 앞에 나섰을 때 해야 할 일을 잊어버렸다는 것을 깨닫는 경우가 많죠. 부끄럽다고 생각했다면 기록해 두세요. 현실을 직시하면 개선될 것입니다.

요가 클래스에 참가한 당신. 하지만 선생님은 물론 아무도
나타나지 않습니다. 왜일까요?

**A** 요일을 착각했다

**B** 장소가 변경되었다

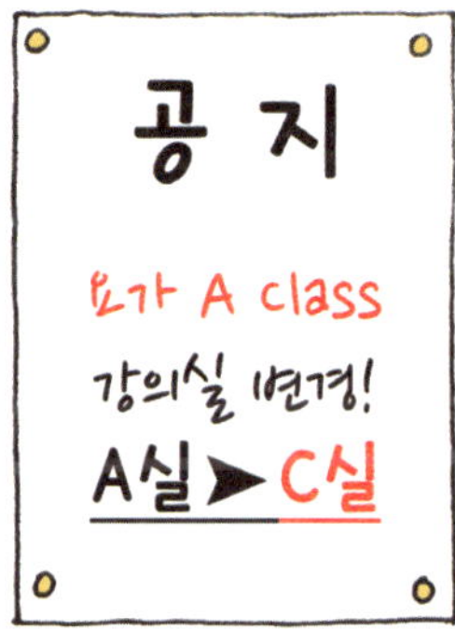


**C** 휴강이었다

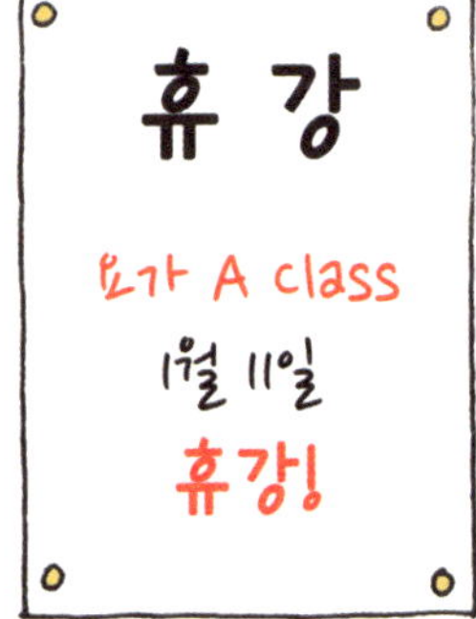


**D** 모두 늦잠을 잤다

# Answer 76 주위에 폐를 끼치는 패턴

남들과 발이 맞지 않을 때 폐를 끼치기 쉬워지는 법입니다. 선택한 이유를 통해 패턴을 알아봅시다.

## 요일을 착각했다 착각

요일을 착각했다고 생각한 것은 평소에도 깜박깜박 실수하는 일이 많다는 증거입니다. 아주 작은 수고도 하기 싫어하고 확인을 게을리 해 실패하는 경우가 많지 않은가요? 또 어림짐작으로 실패하는 경우도. 여유를 가지고 행동하도록 하세요.

## 장소가 변경되었다 건성

장소가 변경된 것을 몰랐다는 것은 남의 이야기를 흘려 듣고 있을 가능성이 높다는 뜻입니다. 말했다는 둥 말하지 않았다는 둥 옥식각신하거나 오해가 생길 수도. 대부분은 당신에게 원인이 있으니 메모하는 습관을 들여 보세요.

## 휴강이었다 마이 페이스

클래스가 휴강이었던 것을 몰랐다는 것은 당신이 본인의 리듬으로 살고 있다는 증거입니다. 습관이나 순서를 무너뜨리지 않기 위해 주변사람이 당신에게 맞출 수밖에 없게 되죠. 조금 더 융통성 있게 행동하면 모두가 기뻐할 것입니다.

## 모두 늦잠을 잤다 외고집

모두가 늦잠을 잤다고 생각한 당신은 무의식적으로 본인이 항상 옳다고 믿고 있습니다. 따라서 자기도 모르게 확신에 차 주변사람들을 휘두르는 경우가 많을 수 있죠. 정확하지 않은 정보를 흘리기 쉬운 경향도 있습니다.

인기 있는 카페에 혼자 간 당신. 사람이 많아 애매한 자리만
비어 있습니다. 어디에 앉을까요?

**A** 카운터 옆의 떠들썩한
자리

**B** 화장실 바로 옆의 후미진
자리

**C** 알콩달콩한 커플의 옆자리

**D** 시끄러운 아줌마들의
옆자리

# Answer 77 　당신의 첫인상

선택한 자리는 무의식적으로 '나와 가장 가깝다'고 느낀 요소가 있는 장소입니다. 당신이 주는 첫인상을 알 수 있습니다.

 **카운터 옆의 떠들썩한 자리 활발한 사람**

사람들이 왔다 갔다 하는 카운터 옆자리를 선택한 당신은 활발한 인상을 줍니다. 첫 만남인데도 왠지 친숙하게 말을 걸 수 있는 경우가 많죠. 그만큼 붙임성 있고 활발한 이미지로 보입니다.

 **화장실 바로 옆의 후미진 자리 조용한 사람**

후미진 자리를 선택한 당신은 어떤 집단에도 쉽게 융화되는 타입입니다. 처음 인사한 후 바로 공기와 같은 존재가 되기 때문에 기억에 잘 남지 않아 조용한 사람이 있었다는 희미한 이미지만 남기는 사람입니다.

 **알콩달콩한 커플의 옆자리 처세가 능란한 사람**

당신은 협상에 능숙 합니다. 자신이 가까이에 앉으면 남들의 시선을 신경 쓰지 않고 꼭 붙어 있는 커플도 어느 정도 얌전해질 것이라는 계산을 하고 있습니다. 처음 만나는 사람은 당신을 처세가 능란한 사람이라고 생각할 것입니다.

 **시끄러운 아줌마들의 옆자리 늠름한 사람**

굳이 흥분한 아줌마들의 옆을 선택한 당신은 터프한 성격의 소유자로 보입니다. 세상 사정에 밝아 절대로 흔들리지 않을 것이라는 인상을 주죠. 한눈에 적이 되면 힘들겠다는 느낌을 줄 수 있습니다.

깜박하고 책 안에 무언가 껴놓은 채로 친구에게 빌려 줬습니다.

껴놓은 물건은 무엇일까요?

# A 지폐

# B 티켓

# C 메모

# D 영수증

# Answer 78 당신의 인간관계에서 실패 포인트

책 사이에 껴놓은 물건은 당신이 구애되는 부분을 상징합니다. 선택한 답의 연장선상에서 분쟁이 일어나는 경우가 많죠.

 **지폐 금전 관계**

지폐를 선택한 것은 돈에 대한 집착을 나타냅니다. 금전 거래가 있을 때 인간관계에서 좌절하기 쉽죠. 특히, 돈을 빌려주는 것은 위험합니다. 선물을 받기만 하는 것도 조심해야 할 부분입니다.

 **티켓 취미 또는 놀이**

티켓을 선택한 것은 취미 또는 놀이에 대해 구애되는 부분이 있기 때문. 일정이나 행선지 등을 정할 때 갑자기 고집을 부려 분쟁을 일으키기 쉬운 타입입니다. 또 아이돌에 대한 사랑이 지나쳐 트러블로 발전할 가능성도 있습니다.

 **메모 독재**

메모를 껴놓았다고 생각한 것은 스스로의 방식에 자신감을 가지고 있다는 뜻입니다. 중대한 결단을 내릴 때 남의 의견을 듣지 않아 중요한 사람과의 사이가 멀어지는 이유가 되고 말죠. 당신을 지지해 주는 사람에게도 신경을 기울이세요.

 **영수증 생활태도**

영수증은 생활감을 나타냅니다. 당신이 인간관계에서 실패하는 경우가 있다고 한다면 그것은 습관의 문제일지도 모릅니다. 지각하는 습관이 고쳐지지 않는다거나 다른 사람의 물건을 빌린 채로 잊어버리는 등 칠칠치 못한 태도가 분쟁을 일으키는 원인이 될 수 있습니다.

친구 넷이서 사진을 찍는다면 당신은 어느 위치가 좋을까요?

**A** 앞줄 왼쪽

**B** 앞줄 오른쪽

**C** 뒷줄 왼쪽

**D** 뒷줄 오른쪽

# **A**nswer 79 당신에게 필요한 친구 타입

사진을 찍을 때 어느 위치를 선택하는지에 따라 사람들과 관계하는 방법을 알 수 있습니다. 어떤 친구가 필요할까요?

### 앞줄 왼쪽 충고해 주는 친구

그룹의 리더가 될 사람은 앞줄 왼쪽 위치를 좋아합니다. 의견이나 희망을 명확하게 밝히고, 모든 사람들을 하나로 만드는 일에 능숙하죠. 그런 까닭에 하기 힘든 말을 하거나 충고해주는 사람이 꼭 필요합니다.

### 앞줄 오른쪽 칭찬해 주는 친구

인간관계에서 무언가 계속 고민을 하고 있는 당신. 자기 마음을 잘 알 수 있는 친구와 같이 있어도 자신이 무언가 실수하고 있지 않나 계속 신경 쓰죠. 가끔 식 칭찬해 주는 사람을 만나면 부족한 자신감이 해소될 것입니다.

### 뒷줄 왼쪽 함께 해주는 친구

당신은 단체행동을 잘하지 못합니다. 사이가 좋은 사람과 함께 있어도 왠지 모르게 마음을 주체하지 못합니다. 가벼운 볼 일을 보러 갈 때도 함께 해줄 수 있는 친구를 찾으세요. 그럼 그 사람과 함께라면 어떤 때라도 안심할 수 있습니다.

### 뒷줄 오른쪽 이끌어 주는 친구

남의 눈에 잘 띄지 않고 주제넘게 나서지 않는 당신은 남을 따라가는 경우가 많습니다. 따라서 힘껏 당겨주는 친구와는 최고의 콤비네이션을 이룰 수 있습니다. 항상 잘 챙겨주는 사람을 친구해보세요.

누군가의 일기장이 있습니다. 보면 어떻게 되어 있을까요?

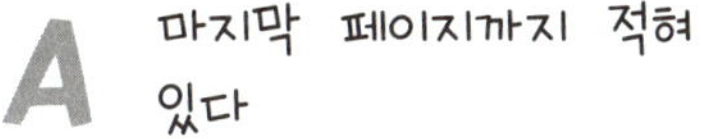

**A** 마지막 페이지까지 적혀 있다

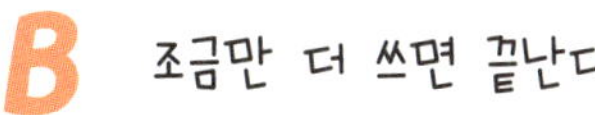

**B** 조금만 더 쓰면 끝난닷

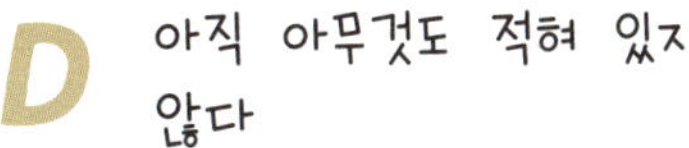

**C** 작심삼일

**D** 아직 아무것도 적혀 있지 않다

# Answer 80 당신의 꿈 실현도

일기는 일어난 일을 기록하는 도구. 많이 적혀 있을수록 꿈 실현도가 높은 것입니다.

###  마지막 페이지까지 적혀 있다 꿈 실현도 90%

마지막 페이지까지 채워져 있는 일기장을 연상한 것은 당신이 자신의 생각을 실현하는 힘을 숨기고 있음을 뜻합니다. 지금 정말로 하고 싶었던 일을 하지 않고 있다고 해도 꿈은 반드시 당신을 기다려줄 것입니다.

###  조금만 더 쓰면 끝난다 꿈 실현도 70%

조금만 더 쓰면 끝나는 일기장을 연상한 당신은 역부족을 실감하고 있습니다. 실력, 재능, 기회가 부족해 꿈을 포기하기 시작했군요. 하지만 손을 놓으면 거기서 모든 것이 끝나 버립니다. 마지막까지 최선을 다해 봅시다.

###  작심삼일 꿈 실현도 30%

시작하기도 전에 포기하는 타입. 실현시키기 위한 노력도 하지 않은 채 역시 무리라고 결론 짓고 있습니다. 꿈을 접고 살아가는 것도 하나의 방법이지만, 진짜 그래도 괜찮은지 잘 생각해 보세요.

###  아직 아무것도 적혀 있지 않다 꿈 실현도 50%

언젠가 조건이 갖춰지면 도전해 보자는 생각을 하고 있는 당신. 꿈에게 일등석 자리를 내주고, 당분간은 눈 앞에 있는 과제에 몰두하기로 한 상태입니다. 하지만 그 언젠가는 언제 올까요? 꿈에 먼지가 쌓이지 않도록 주의하세요.